Sulerjítski

Mestre de Teatro, Mestre de Vida

3 CLAPS Centro Latino-Americano de Pesquisa Stanislávski

Editora Perspectiva

Supervisão editorial J. Guinsburg
Coordenação de texto Luiz Henrique Soares e Elen Durando
Edição de texto Iracema A. de Oliveira
Revisão de provas Geisa Mathias de Oliveira
Capa e projeto gráfico Sergio Kon
Produção Ricardo Neves e Sergio Kon

Daniela Simone
Terehoff Merino

Sulerjítski Mestre de Teatro, Mestre de Vida

sua busca artística e pedagógica

CLAPS
CENTRO
LATINO-AMERICANO
DE PESQUISA
STANISLÁVSKI

PERSPECTIVA

Dados Internacionais de Catalogação na Publicação (CIP)
(Câmara Brasileira do Livro, SP, Brasil)

Merino, Daniela Simone Terehoff
Sulerjítski, mestre de teatro, mestre e vida : sua busca artística e pedagógica / Daniela Simone Terehoff Merino. -- São Paulo : Perspectiva : Claps – Centro Latino-Americano de Pesquisa Stanislávski, 2019. – (Claps ; 3)

Bibliografia.
ISBN 978-85-273-1155-7

1. Sulerjítski, Leopold Antônovich 1872-1916 2. Teatro russo I. Título. II. Série.

19-26213 CDD-792.0947

Índices para catálogo sistemático:
1. Teatrólogos russos : Apreciação crítica 792.0947
Cibele Maria Dias - Bibliotecária - CRB-8/9427

1ª edição

EDITORA PERSPECTIVA LTDA.

Av. Brigadeiro Luís Antônio, 3025
01401-000 São Paulo SP Brasil
Telefax: (11) 3885-8388
www.editoraperspectiva.com.br

2019

Ao meu falecido avô,
Alexander Terehoff Vediaiev,
por servir como inspiração
em minha caminhada.

AGRADECIMENTOS

Agradeço de coração à minha orientadora, Elena Vássina, pela confiança e pelo incentivo desde o início de minha graduação em Língua Russa, bem como pela excelente orientação no decorrer da pesquisa que originou esta publicação.

À Fundação de Amparo à Pesquisa do Estado de São Paulo – Fapesp, pela concessão da bolsa de mestrado no país e o consequente apoio financeiro. Agradeço igualmente pela concessão da Bolsa Estágio de Pesquisa no Exterior (Bepe), por meio da qual a pesquisa ganhou um novo olhar.

Aos professores Noé Silva e Nair D'Agostini, por seus valiosos conselhos e apontamentos; Vadim Scherbakov e Vladislav Ivánov, do Instituto Estatal de Pesquisa de Arte, pela ótima recepção que tive em Moscou durante a Bepe. A todos os meus professores da pós-graduação, em especial, Maria Thais Lima Santos e João Azenha Junior. Aos meus professores de teatro, sem os quais eu certamente não sentiria hoje o mesmo amor pela arte, em especial, Bárbara Zampol, Emerson Ribeiro, Isabella Veiga, Luana Alves, Robson Scobar, Valéria Jouze, Vanessa Bartcus e William Costa Lima, que sempre me inspiraram na incessante busca pela essência do fazer teatral.

A toda a minha família. Em especial, à minha mãe Olga Terehoff Gonzalez e ao meu pai Juan Claudio Merino Rodriguez, que sempre me apoiaram e muito torceram para a realização de meus sonhos. Ao meu marido Leandro, sem o qual este trabalho jamais teria se concretizado. Às minhas irmãs Carolina e Claudia, por seus conselhos e apoio constante; por serem mais do que irmãs, ao me aconselharem e ajudarem todas as vezes que tive alguma dificuldade em meu trabalho. Ao Rennan Lopes, meu cunhado, por sempre me ajudar quando preciso. Aos meus tios Alejandro, Natalia e Tamara, que sempre acreditaram em mim e me apoiaram. Ao meu avô Juan pela torcida. Ao Rafael e à Marli, meus tios de consideração, por sempre torcerem por mim. À família Godoy Gomes (Paulo, Irene, Guilherme e Vinicius), por acreditar que isso seria possível e nunca me deixar desanimar.

Ao meus amigos Gregori Taki, pela paciência e o auxílio prestado durante minha estadia em Moscou; Romário Oliveira, grande artista, por estar sempre ao meu lado; Carlos, por seu apoio e diversas dicas na reta final de minha pesquisa; Denilson Oliveira, pelo auxílio prestado. Às amigas Ana Maria Laís e Mariana Oliveira, por todo o apoio decorrente de nossa longa amizade.

A todos os que me auxiliaram na jornada que culmina nesta obra, direta ou indiretamente, meus mais sinceros agradecimentos.

Sumário

13 Introdução

19 I
Um Diretor Redescoberto

Palco Mal Iluminado . . . 21
Busca e Promessa . . . 23
Como Assim, Diretor de Teatro? . . . 28
O Estúdio Como Ponte Para o Sistema . . . 45
Que Venha Esse Diálogo! . . . 61
E Que a Arte Voe Rumo ao Infinito! . . . 78

101 II
Homem de Seu Tempo

Ainda a Escuridão? . . . 103
Mas, Afinal, Quem é o Terceiro? . . . 104
Na Trilha de um Mestre . . . 111
Dialogando Com K.S. . . . 131

143 III
Olhar Pedagógico

Uma Rápida Conversa 145

Mestre Apenas de Teatro? 146

Navio de Partida 171

Finalmente, a Luz! 183

187 **Nota Final**

191 Álbum

199 Cartas e Anotações do Diário

Sobre as Relações entre Ator e Diretor (1909) 201

Dos Diários (1913-1914) 210

234 Bibliografia

Introdução

Leopold Antônovich Sulerjítski (1872-1916) foi um dos maiores mestres teatrais e pedagógicos do início do século XX. Além de contribuir imensamente para a divulgação do Sistema[1] de Constantin Stanislávski (1863-1938) e auxiliar na criação do Primeiro Estúdio do Teatro de Arte de Moscou (TAM), Sulerjítski foi um dos principais responsáveis pelo desenvolvimento e pela sistematização de uma pedagogia da formação do ator. Em sua constante busca por relações humanas mais profundas dentro da arte, esse diretor e pedagogo enxergou no Primeiro Estúdio um espaço onde os atores podiam se transformar, evoluir como seres humanos e a partir daí transformar também a plateia que tinham diante de si.

Sulerjítski, Mestre de Teatro, Mestre de Vida: Sua Busca Artística e Pedagógica nasceu da vontade de trazer à tona a voz dessa personalidade russa até hoje pouquíssimo conhecida e divulgada no Brasil. Após a realização das disciplinas de Teatro Russo durante a graduação – sob a coordenação de Arlete Cavaliere – e após dois anos de Iniciação Científica com bolsa Rusp – sob a orientação de

1 O "sistema" de Stanislávski é conhecido e divulgado até hoje por ser um meio de treinamento para o ator, um "guia" que facilita a comunicação expressiva e o trabalho criativo.

Elena Vássina –, este livro surgiu marcado pelo desejo de introduzir materiais russos inéditos e de riqueza incalculável em nosso país.

A sugestão do tema foi de Elena Vássina em fins de 2013. A partir da leitura da dissertação de mestrado de Camilo Scandolara, *Os Estúdios do Teatro de Arte de Moscou e a Formação da Pedagogia Teatral no Século* XX, e da constatação da importância dos trabalhos de Leopold Sulerjítski para o desenvolvimento da pedagogia teatral e do mundialmente conhecido sistema de Stanislávski, decidi embarcar na busca por materiais ligados a essa personalidade marcante que esteve envolvida não apenas com o teatro, mas também com uma série de outras questões, como menciona Stanislávski ao recordá-lo: "Por trás dos bastidores do teatro puseram-se a falar intensivamente sobre Súler[2]: 'Querido Súler!', 'Alegre Súler!', 'Súler revolucionário, tolstoísta, dukhobor'. 'Súler romancista, cantor, artista'. 'Súler capitão, pescador, vagabundo, americano!'"[3]

Empreender um trabalho de tradução da herança artística, literária e pedagógica de Leopold Sulerjítski é trazer para a língua portuguesa pela primeira vez algumas das facetas desconhecidas de um diretor que ajudou a transformar o teatro russo no início do século XX e que, ao trabalhar na divulgação do sistema, influenciou de alguma maneira – ainda que velada – o teatro que vemos atualmente; é trazer a voz de um homem que conviveu com Lev Tolstói e, em decorrência, levou aos atores do Estúdio os princípios de amor, bondade, igualdade e união que faziam parte das ideias fundamentais do escritor russo.

Cartas, diários e ensaios constituem material extremamente rico, por meio do qual é possível entrar em contato com os mais variados sentimentos e pensamentos da personalidade multifacetada e atuante que foi Leopold Sulerjítski. A partir de suas obras completas, presentes em antologia organizada e prefaciada em 1970 pela

2 Diminutivo de Sulerjítski, uma maneira carinhosa de tratá-lo.

3 K. Stanislávski, Vospominanie, em L.A. Sulerjítski, *Povesti i Rasskazi*, p. 546. (Tradução nossa; ao longo desta obra, em citações ou notas, todas as traduções de trechos de obras russas ainda não publicadas em português são de nossa autoria.)

teatróloga russa Elena Poliákova, verificou-se o quanto a tradução de tais materiais poderia auxiliar no alcance dos principais objetivos específicos propostos, a saber: 1. situar Leopold Sulerjítski no contexto sócio-histórico e cultural de sua época; 2. revelar o papel que Sulerjítski desempenhou na formação dos princípios éticos e estéticos do TAM e do Primeiro Estúdio do TAM; 3. pesquisar a influência que as ideias e a personalidade de Lev Tolstói exerceram sobre Leopold Sulerjítski; e, por fim, 4. desvendar os pensamentos de Sulerjítski no que diz respeito à pedagogia teatral.

Entretanto, se com a coletânea de Poliákova – atualmente disponível na internet – a presente pesquisa já tinha bons materiais em que se basear, foi apenas com a bolsa Bepe e o acesso aos arquivos de Leopold Sulerjítski conservados em Moscou que o trabalho atingiu sua completude. A bolsa no exterior, concedida pela Fapesp durante o período de três meses no início de 2016, permitiu que trabalhássemos com materiais ainda não publicados nem mesmo em russo, os quais abriram espaço para novos olhares, ampliando e dando maior peso à nossa pesquisa.

Os arquivos de Moscou foram devidamente selecionados, traduzidos e dispostos ao longo deste trabalho de acordo com sua conveniência. O mesmo procedimento se deu com as cartas e recordações de alunos e amigos presentes na coletânea de Poliákova, das quais optamos por incluir apenas os trechos mais significativos conforme a necessidade do que é dito em cada capítulo. Quanto aos textos: *Sobre as Relações Entre Ator e Diretor* (1909) e *Dos Diários* (1913-1914), foram traduzidos na íntegra e ambas as traduções se apresentam, em anexo, no final deste livro. Tal opção pelas traduções na íntegra deveu-se a alguns fatores cruciais, os quais serão expostos a seguir.

Em primeiro lugar, o ensaio *Sobre as Relações Entre Ator e Diretor* aborda a resposta a uma das grandes questões presentes no teatro do início do século XX: o embate entre o teatro de natureza emocional de Stanislávski e o teatro de convenção do diretor russo Vsévolod Meierhold (1874-1940). Tal ensaio, portanto, mostra Sulerjítski como um homem de seu tempo, atento não apenas às pequenas coisas do cotidiano como também àquelas que geravam grandes debates, exigindo uma ou outra postura de seus contemporâneos.

De acordo com Bakhtin:

> todo falante é por si mesmo um respondente em maior ou menor grau: porque ele não é o primeiro falante, o primeiro a ter violado o eterno silêncio do universo, e pressupõe não só a existência do sistema da língua que usa, mas também de alguns enunciados antecedentes – dos seus e alheios – com os quais o seu enunciado entra nessas ou naquelas relações (baseia-se neles, polemiza com eles, simplesmente os pressupõe já conhecidos do ouvinte). Cada enunciado é um elo na corrente complexamente organizada de outros enunciados[4].

Já com relação à tradução de seus diários, foram observados três aspectos fundamentais. O primeiro deles refere-se à questão temporal e à possibilidade, por intermédio da leitura de diários, de aproximarmo-nos o mais fielmente possível da realidade vivida por aquele que os escreve. Pois não estamos diante da rememoração de um passado longínquo como no caso de uma autobiografia, mas de vivências recentes, do hoje, do ontem.

De acordo com o estudioso da Universidade de Washington, Manuel Hierro, o tempo presente é o dispositivo central que marca e rege a escritura de um diário. É através do diário íntimo que temos acesso ao mundo tal como o enxergava o escritor, acesso a um diálogo no qual "o 'eu' começa a pertencer ao seu mundo que, por sua vez, revela a experiência subjetiva"[5]. Além disso: "Com todas as suas ambiguidades, o cosmos pessoal do escritor/a de diários íntimos, flutuando entre a experiência temporal do dia a dia, é anotado no diário em um ato de escrita – e de consciência de si mesmo – através

4 Mikhail Bakhtin, *Questões de Literatura e de Estética*, p. 272.

5 M. Hierro, La Comunicación Callada de la Literatura, *Cuadernos de Medios de Comunicación*, p. 115.

do qual ele nos comunica e põe em contato com seu mundo. Um mundo em que também estão presentes os outros."[6]

Em segundo lugar, a tradução dos diários de Leopold Sulerjítski contribui para melhor entendermos sua personalidade, uma vez que em suas anotações não há apenas o registro de atividades e planos cotidianos, mas, sobretudo, reflexões e pensamentos acerca do homem, da vida e da arte, além de outras questões de caráter profundo e revelador.

Por fim, a escolha do material deu-se tendo em vista que as seis únicas datas que nos restaram daquilo que Leopold Sulerjítski escreveu em seus diário encontram-se totalmente relacionadas ao seu trabalho no Estúdio do Teatro de Arte de Moscou e ao diálogo que travou com Constantin Stanislávski.

Optar pela tradução das cartas – inseridas consideravelmente no decorrer do texto – foi outra maneira de termos acesso ao contexto sociocultural da época, sobretudo porque ao vincular tempo, memória e sujeito, o gênero epistolar faz parte da chamada literatura testemunhal. Uma carta, portanto, não é apenas documento histórico ou poético, mas um meio de refletir parte da personalidade daquele que a escreveu, do ambiente em que se encontra e das circunstâncias que envolveram seu trabalho criativo. É também fator relevante para a escolha das cartas a sua diversidade, já que nelas encontramos de tudo um pouco: desde descrições e relatos mais específicos até desabafos, confissões, impressões sobre determinados acontecimentos, grandes ou pequenas ideias, pensamentos sobre o cotidiano e sobre a vida, tudo isso se interpenetrando de maneira bastante natural[7].

Ao trazer essas traduções pela primeira vez para nossa língua, pretendemos divulgar mais amplamente a importância que Leopold Sulerjítski e o Primeiro Estúdio tiveram para o desenvolvimento da pedagogia teatral e de sua indissociabilidade em relação ao ato

6 Ibidem.

7 Sobre o gênero epistolar e suas características, ver S. Angelides, *Carta e Literatura*, p. 13-14; C.L. Takeda, *O Cotidiano de uma Lenda*, p. 29.

criativo. Ao mesmo tempo, visamos corroborar para o estudo de materiais acerca de Stanislávski e Tolstói já disponíveis em português.

Aliando as traduções ao estudo de importantes pesquisas realizadas por teatrólogos russos, como Pavel Márkov, Constantin Rudnítski e Elena Poliákova - ainda inéditas em português -, buscamos introduzir ao máximo as abordagens teóricas russas, do papel desempenhado por Sulerjítski na vida cultural da Rússia do início do século XX, disponibilizando em português os trechos mais significativos. Ao fazer isso, acreditamos trazer à tona não apenas as principais questões desenvolvidas por esses estudiosos russos, mas também o verdadeiro valor do papel desempenhado por Leopold Sulerjítski como artista, pedagogo e ser humano.

Um Diretor Redescoberto

Palco Mal Iluminado

O público está eufórico. Que veremos esta noite? Apagam-se as luzes. Abrem-se as cortinas. Faz-se o esperado silêncio.

É quando entra um homem alto, magro e de finos bigodes. Sorri, mas seu sorriso é diferente dos outros. A expressão de seriedade, um ar de quem não está lá para brincar. Muito elegante e com um olhar que reflete algo novo.

Há apenas uma cadeira em cena. Ele vai até ela e ocupa seu espaço. Todos da plateia silenciam. É outra a atmosfera a pulsar agora naquela sala, a partir daí. Como se esse novo ator, diferentemente daqueles então vistos, tivesse uma técnica especial até mesmo para se sentar! É possível?

Alguns já sabem de quem se trata: "É Constantin Stanislávski"[1]; "Aí está o grande diretor russo do século XX"; "Como? Nunca ouviu

1 Constantin Stanislávski (1863-1938): grande ator e diretor russo. Sua união com Vladimir Nemiróvitch-Dântchenko (1858-1943) e a criação conjunta do Teatro de Arte de Moscou Acessível a Todos – posteriormente apenas Teatro de Arte de Moscou (TAM) – abalaram as bases do teatro de seu tempo, trazendo inovações, como o senso de missão inalterado, a disciplina constante nos ensaios e a ideia de um verdadeiro *ensemble*, sem estrelas. Mais tarde, Constantin Stanislávski tornar-se-ia um dos grandes reformadores do teatro ►

falar?!"; "Esse sim é que é ator!"; "Silêncio! Vocês não sabem que ele gosta de uma plateia silenciosa?" Outras vozes, em maior quantidade, param de rir e reclamam: "Onde estão as risadas? Onde está o entretenimento?"; "Esse cara estragou a diversão!"

Surge outro homem em vestes elegantes. Um pouco mais baixo do que o primeiro. Cumprimentam-se. Vozes assopram seu nome: é Nemiróvitch-Dântchenko. Conversam baixinho. Fazem anotações. Falam de um teatro acessível a todos. E de repente, como que por mágica, entra em cena um novo teatro. Atores em vestes majestosas. Um cenário esplêndido. Ouve-se uma voz distante: "Que entre o tsar Fiódor." É maravilhoso. O público vai ao êxtase.

Porém, como num sonho em que os fatos se sucedem e se interpenetram sem um sentido lógico, subitamente estamos diante de uma jovem de preto, que diz estar de luto pela vida. Uma gaivota passa voando pelo palco. Atiram nela, apenas pelo prazer de matá-la. Fala-se de algo novo: a busca por novas formas. Mas fala-se de um jeito novo também. Um jeito agradável. Os diálogos são precisos. Os corpos dos atores não estão em cena à toa. O que há de diferente? Mais sentimento, talvez? Explosão de sensações. Soa um tiro. O público chega à loucura. Aplaudem. Nunca havíamos visto algo assim.

Aquele primeiro ator volta para a cena. Aplaudem-no ininterruptamente.

Senta-se outra vez. Fala sobre suas novas ideias. Repete a palavra "sistema" e parece incompreendido por todos. Os atores dão as costas a ele. E deixam o palco vazio, um a um.

Apenas um homem, vestido com um blusão de marinheiro, permanece ao seu lado. Ele diz algo muito importante. Algo sobre coração e união. Mas o palco está mal iluminado e eu não consigo ver seu rosto ou ouvir sua voz. Ninguém consegue. Não sabem dizer qual o seu nome. De onde veio. O que deseja.

Afinal, quem é esse homem?

▷ ocidental, com a criação de seu sistema, conhecido e divulgado hodiernamente por ser um meio de treinamento para o ator, um "guia" que facilita a comunicação expressiva e o trabalho criativo.

Busca e Promessa

Minha professora de russo, Elena Vássina, indicou-me uma leitura nova. Era uma dissertação de mestrado, intitulada *Os Estúdios do Teatro de Arte de Moscou e a Formação da Pedagogia Teatral no Século XX*. Eu não soube, de imediato, o porquê de aquele material ter vindo parar em minhas mãos. Mas foi aí, pela primeira vez, que pude compreender, até certo ponto, quem foi aquele homem que dividiu momentaneamente o palco da vida de Stanislávski sem ser iluminado. Chamava-se Leopold Antônovitch Sulerjítski[2].

Quer dizer que Constantin Stanislávski não criou e nem aplicou seu sistema absolutamente sozinho? E que o Primeiro Estúdio do TAM, aberto em 1912, foi desenvolvido em grande medida graças à existência de Leopold Sulerjítski?

Pois é. Às vezes, a falta de luz cega a plateia.

Com a dissertação que eu tinha em mãos, enfim o tal homem desconhecido saía das sombras de um palco mal iluminado para ganhar um pouco de visibilidade em nosso país e aparecer como um artista e pedagogo digno de iluminação – ainda que sua aparição em cena durasse apenas o tempo de leitura das 52 páginas em que ele era o foco central do trabalho escrito por Camilo Scandolara.

Contudo, não sejamos injustos. Que eu não conhecesse nada sobre Leopold Sulerjítski não significa que nada houvesse sido dito ou chegado até nós em língua portuguesa. Estudiosos renomados, como Jacó Guinsburg, Ângelo Maria Ripellino e Marc Slonim, já haviam dedicado anteriormente uma parte – bastante modesta – de seus trabalhos ao estudo deste diretor e pedagogo, apresentando-o em geral com as

2 Leopold Antônovich Sulerjítski, batizado na igreja católica com o nome de Lev-Leopold--Maria nasceu em Jítomir, na Rússia, em 15 de novembro (27 de novembro) de 1872. Morreu aos 44 anos, em 17 (29) de dezembro de 1916. As datas aparecem aqui duas vezes pois a cultura russa adotou o calendário gregoriano apenas em 1918, sendo praxe que as datas históricas anteriores venham escritas de duas maneiras: primeiro, de acordo com o calendário antigo (juliano); entre parênteses, em seguida, de acordo com o atual (gregoriano). A diferença entre os dois consta de treze dias.

mesmas características: um homem que deseja unir a todos por meio da arte, é contra a histeria no teatro, ajuda na propagação do sistema dentro do Primeiro Estúdio do Teatro de Arte de Moscou e, principalmente, faz parte dos discípulos do escritor russo Lev Tolstói (1828-1910).

Fui atrás destes materiais. Mas não pude ouvir a voz de Sulerjítski.

Sua voz... Onde estava ela?

Uma das novidades da dissertação de Scandolara é que, pela primeira vez, pudemos ler em português uma parte daquilo que Leopold Sulerjítski dizia e escrevia. As traduções vinham do italiano, e não do original russo. Ainda assim, refletiam suas palavras, seu pensamento. Mas será que era o suficiente?

Ainda hoje, toda vez que digo o nome de Leopold Sulerjítski – do "querido Súler", como o chamavam carinhosamente amigos e conhecidos –, mesmo entre estudiosos de teatro é raro alguém saber de quem se trata. Seu nome nem de longe tem, no Brasil, a força que o de Vsévolod Meierhold ou o de Constantin Stanislávski. Sem contar o fato de já termos disponíveis em português os livros *A Arte do Ator* e *Para o Ator*, escritos respectivamente por Richard Boleslávski e Mikhail Tchékhov, dois dos alunos de Leopold Sulerjítski no Primeiro Estúdio. Os alunos ganharam destaque, o professor ficou esquecido. Com isso, só deixamos de aprender.

Com tal consciência, decidi suprir essa lacuna, de alguma forma. Se eu podia ir à fonte, ler Sulerjítski e, ao mesmo tempo, consultar aquilo que os próprios russos dizem a seu respeito, para somente a partir disso trazer novos materiais para o Brasil, por que não o fazer? Um projeto de pesquisa que incluísse uma parte da herança artística e pedagógica desta figura seria uma boa maneira de começar a introduzir o nome de Leopold Sulerjítski, definitivamente, no Brasil.

Na Rússia, isso já foi feito e, até hoje, vem deixando rastros. Importantes teatrólogos russos do século XX, tais como Pavel Márkov e Constantin Rudnítski foram fundamentais para que Sulerjítski ocupasse o espaço que tem atualmente. O livro *Russkoie Rejisserskoie Iskustvo: 1908-1917* (A Arte do Encenador Russo: 1908-1917), do teatrólogo e historiador Rudnítski, inclui Leopold Sulerjítski na história do teatro russo como um homem que lutou até o fim da vida pelo aperfeiçoamento moral e a permanência de princípios éticos entre os alunos. Cada detalhe do Estúdio, das encenações feitas ao tratamento dado aos funcionários, merecia a sua atenção. E é significativo que ele seja apontado por Rudnítski como alguém que deu um sentido mais universal para o sistema, distinguindo-se aqui de Stanislávski. A partir da observação de Rudnítski, nosso estudo ganha uma nova direção, visto que Leopold Sulerjítski deixa de ser apenas um seguidor de Stanislávski para tornar-se também ele um defensor das próprias ideias.

Pavel Márkov dedica todo um capítulo de seu livro *O Teatre* (Sobre o Teatro) para tratar do Primeiro Estúdio e de três importantes figuras que dele fizeram parte: Leopold Sulerjítski, Evguêni Vakhtângov e Mikhail Tchékhov. A vida artística dos três esteve profundamente interligada e tanto Vakhtângov quanto Tchékhov, herdeiros e seguidores de Leopold Sulerjítski, escreverão a respeito, posteriormente. Mas o que marca sobremaneira o estudo feito por Márkov é o fato de ele destacar Sulerjítski como o autêntico diretor e inspirador do Estúdio; em sua opinião, até mais do que Stanislávski. Márkov se detém sobre vários aspectos da vida e do trabalho de Sulerjítski no Primeiro Estúdio do TAM, sobre as peças que ele dirigiu ao lado de seus alunos, sobre seu repúdio à histeria e, por fim, sobre sua função de mestre e guia dos atores do Estúdio, sobre seus ideais profundos e a grande força moral que fizeram dele "em igual medida um professor da vida e da cena. Aliás, mais professor da vida do que da cena"[3].

Se Pavel Márkov e Constantin Rudnítski merecem destaque em nosso trabalho, o que falar então da teatróloga russa Elena Poliákova? Foi graças a ela que Leopold Sulerjítski conquistou definitivamente o seu espaço. Poliákova publicou duas obras com foco absoluto sobre Sulerjítski – uma em 1970[4] e a outra em 2006[5] – e, em ambas, forneceu um panorama completo da vida do diretor russo. Sobretudo em sua

3 P. Márkov, Pervaia Stúdia MXT (Sulerjítski, Vakhtângov, Tchékhov), *O Teatre, v 4 tomakh*, v. 1, p. 353.

4 *Povesti i Rasskazi: Stati i Zametki o Teatre – Perepiska.*

5 *Teatr Sulerjítskovo.*

primeira obra, na qual nos deparamos não só com o estudo feito pela teatróloga como também, e principalmente, com artigos sobre teatro escritos por Leopold Sulerjítski, correspondências trocadas com grandes personalidades da época, trechos de diário e depoimentos deixados por ex-alunos (dos quais alguns foram incluídos por nós neste livro). Quanto ao livro de 2006, são nele abarcados todos os aspectos da vida de Leopold Sulerjítski, servindo de complemento à obra anterior e desempenhando papel significativo em nosso trabalho.

Mas toda essa busca por obras de grandes estudiosos russos pode ser ainda mais profunda, se levarmos em conta os materiais disponíveis atualmente em Moscou, tais como os arquivos guardados pelo museu do Teatro de Arte de Moscou (TAM).

Quando estive na Rússia, foi com prazer que pude observar o quanto Leopold Sulerjítski segue fazendo parte da vida teatral do país. Até hoje, a peça *O Pássaro Azul* é apresentada com a montagem que Sulerjítski e Stanislávski elaboraram para ela em 1905. Do mesmo modo, os guias da excursão pelo museu-apartamento de Evguêni Vakhtângov ainda mencionam Leopold Sulerjítski como um homem excepcional, sem o qual o ator e diretor Vakhtângov não teria existido. Sem contar sua grande fotografia nesse museu; bem como outra de tamanho similar em uma das paredes do próprio Teatro de Arte de Moscou (TAM), na mesma sala onde se encontram as fotos de grandes figuras ligadas ao teatro, tais como Lev Tolstói, Máximo Górki, Anton Tchékhov e Gordon Craig. Há livros e artigos de revistas atuais sobre Sulerjítski disponíveis nas principais bibliotecas da capital russa; cartas e cadernos de anotações são conservados no museu do TAM; e, em maio, quando toda a cidade é decorada pela chegada da primavera e a praça central se enche de árvores com fotos de diretores e espetáculos de teatro importantes para a Rússia, Leopold Sulerjítski tem direito a mais de uma foto pendurada nestas árvores.

Durante o período de três meses em que estive em Moscou conversei com os professores Vadim Scherbakov e Vladislav Ivánov, do Instituto Estatal de Pesquisa de Arte, e pude entender melhor qual o papel ocupado por Leopold Sulerjítski no presente, na Rússia. Realizei também uma busca pelos arquivos e graças ao auxílio do pesquisador Gregori Taki, que participou comigo da aventura de decifrar o que estava escrito nos cadernos de anotação de Leopold Sulerjítski, foi possível incluir neste trabalho a tradução de materiais absolutamente inéditos.

Mas, é óbvio, inclusive na Rússia, muitas pessoas ainda não sabem quem foi Leopold Sulerjítski. No penúltimo dia da viagem, resolvi visitar o túmulo do diretor no cemitério Novodévitchi, onde estão enterrados juntos todos os grandes artistas russos. Perguntei a um guarda do local se sabia onde estava o túmulo de Sulerjítski. "Quem?" De fato, ele não fazia a menor ideia. Perguntei então sobre Stanislávski, perto de quem naturalmente Sulerjítski estaria. Ele me levou imediatamente ao local.

Demos algumas voltas, procurando por seu nome. Porém, o guarda não sabia onde estava Sulerjítski. E me indicou mais de uma vez outros nomes ali presentes: "Olha, ali está Tchékhov", "Bulgákov..." e "Veja... Górki. Você não quer ver Górki?" Entrementes, ele repetia baixinho o nome de "Sulerjítski", sem conseguir localizá-lo. Acabou indo embora e eu tive de procurar pelo "querido Súler". Sozinha.

Quando o encontrei, em meio ao silêncio daquele local – um pequeno mundo apartado de tudo, onde a arte pulsa debaixo da terra –, permaneci calada por alguns segundos. O que dizer? Eu não o havia conhecido. Não sabia como fora sua voz, seu riso, como era essa sua alegria de que tanto falam os depoimentos de ex-alunos seus. Mas sabia que suas ideias me faziam bem. Que seus escritos me ensinavam a viver melhor. E gostaria que isso fizesse parte da vida de meus contemporâneos também.

"Eu sei que você nem sabe quem sou eu. Mas eu prometo que o que eu puder levar das suas ideias para o Brasil, eu vou levar. Eu quero poder falar seu nome e ser entendida. Não quero mais ver a mesma boca se torcendo outra vez por não saberem que você existiu. E quem você foi."

No dia seguinte, o Brasil, outra vez. Os estudos, outra vez. A vida voltando aos eixos. Mas uma promessa assim muda tudo. Que ela se cumpra por meio deste livro!

Como Assim, Diretor de Teatro?

Se você abrir qualquer um dos livros de Elena Poliákova, vai perceber que essa pergunta não é à toa.

Leopold Sulerjítski é apresentado em seus livros como um homem cuja vida esteve permeada pela realização das mais variegadas atividades. Ora ofícios artísticos como a pintura, o canto, a dança e a escrita, ora ofícios que nada têm a ver com o mundo das artes, tais como o trabalho de camponês ou de marinheiro. A partir de 1894, trabalhou como copista de Lev Tolstói; em 1895, foi preso por renunciar ao serviço militar[6]; três anos depois, auxiliou Lev Tolstói na transferência da seita dos *dukhobors*[7] para o Canadá. E, a partir de 1901, tendo se envolvido com o Partido Social-Democrata e com a divulgação de escritos proibidos pelo governo, foi deportado juntamente com sua esposa, Olga Sulerjítskaia, para a fortaleza turco-russa de Kushka, na fronteira com o Afeganistão, onde ambos permaneceram, até 1903[8].

Contudo, nenhum destes acontecimentos impediu que seu amor pela arte crescesse cada vez mais. Um amor que veio desde a infância, quando lia os livros da biblioteca de seu pai. Quando, ao tomar *Hamlet* em suas mãos, resolveu se juntar a um grupo de amigos para realizar uma encenação da peça, assumindo para si os papéis de diretor, ator, administrador, compositor e, inclusive, instrumentista, por sua aptidão natural para imitar os mais variados sons. Ele, que

6 Por influência do escritor Lev Tolstói, Sulerjítski renunciou ao serviço militar, em 1895, razão que o levou a ser preso e instalado em um manicômio para o exame de suas capacidades mentais. Neste novo ambiente, Sulerjítski se tornou uma espécie de raio de luz para os demais prisioneiros, a quem auxiliava cuidando, escrevendo cartas, dando aulas ou simplesmente aconselhando.

7 Os dukhobors, ou "lutadores do espírito", eram uma seita que existia desde o século XVII e propagava ideias com as quais Lev Tolstói se identificava, tais como o vegetarianismo, o pacifismo e a negação da propriedade, do Estado, do dinheiro, da Igreja e da *Bíblia* como fonte de revelação primordial. Por não possuírem documentos e se recusarem a servir ao exército, os dukhobors já haviam sido banidos duas vezes e, em 1894, eram banidos outra vez pelo tsar Nicolau II, uma vez que não haviam prestado o exigido juramento de lealdade.

8 Foi graças ao auxílio prestado por Serguiei Lvóvitch, filho de Lev Tolstói, que Sulerjítki e sua esposa conseguiram uma autorização para voltarem à sua pátria.

desde jovem foi um apaixonado pela música; que, em 1881, não se dedicava ao ginásio, visto ocupar quase todo o seu tempo com idas a óperas e com montagens teatrais nas quais auxiliava em tarefas cotidianas, como a colocação de cenários e a abertura das cortinas; que, em 1885, ingressou na escola de desenho de Kiev e se tornou ajudante do pintor Vasnetsov; e que, em 1890, foi admitido na Escola de Pintura, Escultura e Arquitetura de Moscou; esse mesmo homem, que sentia a arte pulsando dentro de si, não deixaria de amá-la por causa de sua vida agitada.

Muito pelo contrário, cada um dos rastros que Sulerjítski deixou em sua juventude e início da fase de maturidade foi fundamental para o enriquecimento de sua personalidade multifacetada e para o futuro trabalho que viria a exercer como diretor e pedagogo do Primeiro Estúdio do TAM.

Pavel Márkov fala a respeito desta sua faceta de herói aventureiro – no mais belo e profundo sentido da palavra –, destacando-a como determinante para que o Primeiro Estúdio se tornasse um marco na história do teatro mundial. As experiências de vida pelas quais Leopold Sulerjítski havia passado davam maior peso e profundidade aos seus ensinamentos, pois ele sabia aliar significativamente o seu lado aventureiro ao papel pedagógico desempenhado no Estúdio.

O fato de Leopold Sulerjítski ser uma figura multifacetada foi também de grande relevância para Constantin Stanislávski. Em suas recordações sobre Sulerjítski, Stanislávski observa o quanto o ofício de diretor é complicado, exigindo uma grande diversidade de papéis por parte daquele que deseja se dedicar à tarefa. O que não era um problema para Leopold Sulerjítski, já que:

> a natureza de Súler era complicada e multifacetada, ele era artista, literato, cantor, ator, administrador e um pouco músico, compreendia maravilhosamente a escultura e a dança, interessava-se por filosofia, gostava de psicologia etc. etc... Junte-se a isso o extraordinário bom gosto, o grande temperamento e a imensa capacidade para o trabalho e torna-se claro por

que Súler tão rapidamente transformou-se em um verdadeiro diretor e líder cênico[9].

Leopold Sulerjítski teve seu primeiro contato com o Teatro de Arte de Moscou na primavera do ano de 1900. Trabalhava então como aguadeiro e foi por meio dos escritores Máximo Górki e Anton Tchékhov – com os quais já travava relações há algum tempo – que conheceu o TAM, naquela época em *tournée* pela Crimeia, Sebastopol e Ialta[10].

A sua primeira aparição num ensaio, porém, ocorreu apenas alguns meses depois, em Moscou. A forma como Leopold Sulerjítski ingressou no TAM gerou certas lendas, posteriormente. De acordo com uma delas, o próprio Stanislávski havia lido os escritos literários de Leopold Sulerjítski[11] e, por essa razão, mandara chamá-lo para o teatro. Mas as recordações deixadas pelo ator Vassili Katchálov se encarregam de esclarecer como foi esse primeiro encontro:

> Outono de 1900, em Moscou. O nosso teatro (que então ainda não era o TAM, mas o Teatro de Arte Acessível a Todos) ensaia *A Donzela da Neve*. [...] E eis que me lembro, numa bela manhã, precisamente uma bela manhã de outono, estando atrasado para o ensaio, eu corria pela Brónnaia. Três homens me ultrapassaram; os três de estatura desigual, diferentes e vestidos de maneira incomum, dois deles mais altos, o terceiro baixinho e forte. Todos os três vêm correndo pela entrada principal dos "Románovki". Entro atrás deles e vejo os rostos desconcertados, escuto vozes perplexas: para onde ir agora, a quem perguntar? O menor, vestido com um blusão de marinheiro, sem gorro, com um corte de cabelo curto e a barba em leque, aparentava ser mais velho que os demais. Ele me fitou, rindo, com olhos astutos e apertados e perguntou com um tenor melodioso e elevado e um claro sotaque de Kiev: "Tenha a bondade, diga, por

9 C. Stanislávski, Vospominania o Sulerjítskom, em L.A. Sulerjítski, *Povesti i Rasskazi*, p. 550.
10 Foi em Iálta que Leopold Sulerjítski conheceu o TAM.
11 Sua obra *Na América Com os Dukhobors*, escrita durante viagem realizada a pedido de Lev Tolstói. Sobre essa viagem, abordaremos no segundo capítulo.

favor, não seria o senhor um artista?" e explicou que eles todos tinham muita vontade de entrar num ensaio. Eu me lembro de ter murmurado algo, que isso não dependia de mim, que eu estava com pressa, que estava atrasado, aliás, disse que perguntaria ou traria alguém da administração. A seguir, verificou-se que ainda não estavam todos reunidos, que eu não me atrasara, e eu então desci outra vez até eles, evidentemente porque essas três figuras haviam despertado meu interesse. Começou uma conversa. O mais alto dos três, um agradável barítono, falava com leve rouquidão, pigarreando com frequência. Falava muito sobre como eles queriam frequentar os ensaios, que o próprio Nemiróvitch, ainda na primavera, em Iálta, havia-os convidado a sempre frequentarem o teatro, quando estivessem em Moscou. "Este é Górki", apresentou-o o pequeno com uma risada alegre, "o sobrenome dele é assim, Górki, Máximo Górki, o escritor. E um bom escritor. Ainda é jovem, mas já escreve bons contos. E este", ele indicou o segundo, "é um poeta, Skitálets é o sobrenome, tem uma grande voz – voz de baixo – e toca gúsli. E eu sou também uma espécie de escritor. Ainda não escrevi nada, mas vou escrever, sem falta. Meu sobrenome é Sulerjítski, e o mais curto é Súler. Quando eu falo, sai parecido com 'Shuler', mas isso é porque eu não tenho um dente da frente."[12]

Ao conhecer o Teatro de Arte de Moscou, Leopold Sulerjítski até então não pensava que viria a trabalhar ali futuramente. Isso não o impediu, no entanto, de se apaixonar por este teatro e passar a frequentar diariamente seus ensaios, ao lado de Máximo Górki, formando uma espécie de par que, por sua estatura, é comparado por Elena Poliákova a Dom Quixote e Sancho Pança[13].

Após assistir a um dos ensaios da peça *Um Inimigo do Povo*, de Ibsen, e impressionar-se com a interpretação que Stanislávski dera

12 E.I. Poliákova, *Teatr Sulerjítskovo*, p. 106.
13 Górki era alto e magro, enquanto Sulerjítski era baixo e forte.

ao papel de dr. Stockmann, Sulerjítski escreveu-lhe uma carta, em 21 de outubro (2 de novembro) de 1900, antes mesmo que essa peça de linha político-social fosse para os palcos e se tornasse um triunfo na carreira do diretor[14].

Por meio de seu olhar aguçado a respeito da personagem, Sulerjítski já demonstra nessas linhas uma forte aproximação com o fazer teatral e a busca por uma justificação ética do teatro:

> Com sua atuação, em poucas horas, o senhor uniu todas aquelas pessoas que estavam separadas pelo egoísmo frio e, por alguns momentos, deu-lhes a possibilidade de respirar o ar livre das relações boas, amorosas e fraternas das pessoas umas com as outras, sem o que todos sofrem tão brutalmente na vida, mas as pessoas ainda não conseguem estabelecer interações entre si, por causa de sua fraqueza e incompreensão. Fazendo isso, o senhor respondeu àquela mesma e principal exigência da verdadeira arte: unir as pessoas em torno do que há de melhor.[15]

A partir desta carta e de seus encontros contínuos, as relações entre ambos só teriam a se fortalecer. Isso porque eles tinham uma forma muito semelhante de olhar para a arte teatral. Para eles, o teatro era não apenas uma arte, um mero ofício, embora muito elevado, mas uma verdadeira escola da vida, um assunto vital e repleto de significado, capaz de refletir nossa existência e ajudar a transformá-la, de alguma maneira.

Pavel Márkov[16] fala a este respeito, notando que Sulerjítski, a quem Lev Tolstói chamava de "criança sábia", incluiu o teatro em sua vida tanto quanto antes incluíra fatos de grande significação para

14 Essa carta, escrita três dias antes da estreia, surge como uma antecipação daquilo que Stanislávski percebe posteriormente. É exatamente com *Um Inimigo do Povo* que Stanislávski compreenderá a força que pode exercer sobre a massa um teatro verdadeiro, uma arte autêntica (C. Stanislávski, *Minha Vida na Arte*, p. 333-338).

15 C. Stanislávski, Vospominania o Sulerjítskom, em L.A. Sulerjítski, *Povesti i Rasskazi*, p. 395.

16 P. Markóv, Pervaia Stúdia MXT (Sulerjítski, Vakhtângov, Tchékhov), *O Teatre, v 4 tomakh*, v. 1, p. 355.

si: a viagem ao Canadá como guia para os dukhobors, a renúncia ao serviço militar e o apaixonante trabalho como marinheiro. Ele não apenas incluiu o teatro em seu cotidiano como também, com o tempo, entregou-lhe todo o seu coração, amando-o com a mesma força com que amava a vida, o mar e, sobretudo, o ser humano.

No outono de 1906, Leopold Sulerjítski foi aceito oficialmente como assistente do Teatro de Arte de Moscou. A proposta de trabalho surgiu após o regresso do TAM de uma *tournée* feita em Berlim. Logo que voltou de viagem, Stanislávski travou uma longa conversa[17] com Sulerjítski, nesta época, em uma forte encruzilhada entre dois possíveis caminhos a seguir em sua vida: o campo ou o teatro. Mas a dúvida logo se foi. Embora Leopold Sulerjítski amasse o campo e desejasse comprar uma terra na qual pudesse conviver plenamente com a natureza, ele optou pela arte:

> Na primeira oportunidade, vou comprar uma terra promissora em Kanev, na província de Kiev, vou largar tudo e partir para a natureza. Mas, por enquanto, preciso viver e trabalhar por esse objetivo e por minha família. O melhor de tudo é trabalhar para a arte, no teatro, junto com vocês. Aqui, é possível se relacionar com pessoas vivas, e *com os sentimentos* dizer-lhes aquilo que você não diz *com as palavras*.[18]

Stanislávski acolheu-o como assistente e reconheceu posteriormente[19] a importância de seu feito, dizendo ter confiado em Súler, aceitado a sua proposta e não ter se arrependido disso, já que o papel e a importância de Sulerjítski dentro do teatro e da arte se tornaram muito grandes com o passar dos anos.

O trabalho de Leopold Sulerjítski como assistente e diretor do TAM teve início justamente no período em que Stanislávski sentia uma grande necessidade de trazer novas formas e procedimentos

17 C. Stanislávski, Vospominania o Sulerjítskom, em L.A. Sulerjitski, *Povesti i Rasskazi*, p. 546-553. Essa conversa é relatada por Stanislávski em suas recordações sobre Leopold Sulerjítski.
18 Ibidem, p. 549.
19 Ibidem.

para o fazer teatral. Se a situação de desgaste por que passava o teatro, em fins do século XIX, foi determinante para a criação do Teatro de Arte de Moscou, em 1898, eram agora fatores como a desilusão com o naturalismo e a percepção da necessidade de um trabalho totalmente centrado na criação do ator que o levavam a repensar seriamente seu trabalho artístico como um todo.

O anseio pela descoberta de novos caminhos levou Constantin Stanislávski a desejar inovações em suas encenações. Nisso acompanhou-o seu novo assistente, Leopold Sulerjítski, e juntos eles buscaram novas formas para *O Drama da Vida* (1895)[20], *A Vida de um Homem* (1906)[21], *O Pássaro Azul* (1905)[22] e *Hamlet* (1601)[23], as quais permitiam montagens fora da esfera realista[24].

Mas se todas estas apresentações tiveram sua importância, foi sobretudo no que diz respeito a *Hamlet* que Leopold Sulerjítski exerceu papel absolutamente fundamental. Por ser justamente quem melhor sabia a língua inglesa, Sulerjítski assumiu o papel de guia do encenador Gordon Craig, sendo seu intérprete e o principal responsável por toda a comunicação existente entre o encenador inglês, Stanislávski e os atores do TAM.

A função de guia e responsável pelos assuntos práticos assumida por Leopold Sulerjítski fica evidente quando observamos parte de sua correspondência trocada com Stanislávski durante o ano de 1911. Em carta de 5 (17) de fevereiro daquele ano, por exemplo, Stanislávski

20 Peça do escritor norueguês Knut Hamsun (1859-1952). Encenada pela primeira vez pelo TAM em 8 de novembro de 1907.

21 Peça do escritor russo Leonid Andreiev (1871-1919). Encenada pelo TAM em 12 de dezembro de 1907.

22 Peça do escritor belga Maurice Maeterlinck (1862-1949). Encenada pelo TAM pela primeira vez em 30 de setembro de 1908.

23 Famosa peça de William Shakespeare (1564-1616). Encenada pelo TAM, ao lado de Gordon Craig (1872-1966), em 23 de dezembro de 1911.

24 A utilização de recursos cênicos, como linhas de cordas brancas sobre um fundo de veludo negro, em *A Vida de um Homem*, um fulgor vermelho como alusão ao incêndio, em *O Drama da Vida*, ou a sutileza e os esplêndidos efeitos de luz da dança das horas, em *O Pássaro Azul*, permitiram que o onírico e o alusivo fossem ao máximo explorados pelo TAM. Estas encenações constituíram importante etapa na busca dos fundamentos criadores do sistema de Stanislávski.

escreve de Roma a Leopold Sulerjítski, pedindo que, de alguma forma, reúna-o com Craig, nesta época em Paris:

> Pois bem, é impossível que eu vá para Florença. Onde então nos encontraremos com Craig? Em Cannes. Mas lá é temporada e está muito caro. Em Berlim. Isso seria o melhor, e eis o porquê. Em Dresden, existe a escola de danças plásticas e rítmicas de Dalcroze. Eu irei para lá, já que dizem que isso é surpreendente. Isso deve ser interessante também para Craig. Façamos assim. No mesmo dia, nós partimos de Cannes ou de outro lugar e Craig de Paris, reunamo-nos em Berlim e vamos para Dresden. Com tempo para trocarmos opiniões sobre aquilo de que precisamos falar, ou seja: 1. Se ele permitiria buscar as disposições dos biombos na própria cena, buscando um estado de espírito geral, em vez de nos apoiarmos com exatidão em suas maquetes; 2. Se, conservando o projeto comum do rei, da corte, de Ofélia e de Laerte, isto é, o caricatural que há neles, Craig permitiria em alguns deles refletir ou dar ao público outra forma, isto é, algo mais refinado e, portanto, menos ingênuo. [...] Esclareça com Craig, com esse programa em mãos, quando ele acha mais confortável vir: agora ou em maio? [...] Diga a ele, querido Súler, que tentei escrever-lhe uma carta em alemão. E não pude explicar toda essa complicada embrulhada de minhas propostas, expostas nesta carta. Aí está por que me calei por tanto tempo.[25]

Pouco depois, em carta de fins de fevereiro de 1911, Leopold Sulerjítski escreve para Stanislávski a seguinte resposta:

> Caro Constantin Serguiêievitch,
>
> Estive com Craig e eis o que esclareci:
>
> Ele não quer ir para Dresden, diz que as danças rítmicas não lhe interessam e pensa que isso tampouco é interessante

25 C. Stanislávski, Vospominania o Sulerjítskom, em L.A. Sulerjítski, *Povesti i Rasskazi*, p. 474.

para o senhor. Por isso, também não quer ir para Berlim, que ele odeia. Propõe que o senhor lhe envie um telegrama de Cannes e ele imediatamente irá para lá.

Pois bem, ele quer se encontrar com o senhor agora em Cannes ou em Capri (considerando o lugar no qual o senhor vai estar), de onde ele deve ser chamado por um telegrama.

Para todas as suas perguntas em relação à apresentação de *Hamlet* e à interpretação dos papéis, ele responde que confia absolutamente no senhor e que o senhor sabe melhor do que ele o que fazer para que fique bom. Portanto, faça como achar melhor.

Parece-lhe melhor chegar em maio.

Eis as respostas às suas perguntas.

Para dizer a verdade, no que diz respeito à chegada dele, em maio, eu também manifestei minha opinião: penso que é melhor ele chegar mais tarde, quando já terão concluído algo, ainda que qualquer coisa. Caso contrário, ele vai entravar o trabalho e inventar biombos de bronze, de carvalho e assim por diante.

Ele não vai à casa de Górki. Isto é, se ele, de passagem, desse uma olhadinha, seria muito bom. Mas não fique ao lado dele. Isso será muito enfadonho para o senhor. Ele, como quase todos os emigrantes, fala muito, terrivelmente, e o atordoará mortalmente.

Perdoe que eu me meta em suas regulamentações, mas sei que isso o aborrecerá e o senhor não descansará e ficará extenuado.[26]

Por mais de uma vez, Gordon Craig é mencionado por Stanislávski e Sulerjítski em sua correspondência trocada no decorrer de 1911, sendo visíveis tanto aspectos referentes à organização de *Hamlet* quanto questões da esfera pessoal do encenador inglês. Em carta de 21 de fevereiro, vemos como, apesar de não entender o que Craig

26 Apud C. Stanislávski, Vospominania o Sulerjítskom, em L.A. Sulerjítski, *Povesti i Rasskazi*, p. 480.

fazia com o dinheiro que recebia, Leopold Sulerjítski se compadece da situação financeira vivida pelo encenador inglês:

> Craig ainda não se zangou. Ele está numa situação terrivelmente desastrosa. Ontem, pediu-me emprestados vinte francos, já que não tem um tostão. Onde ele gastou todo esse dinheiro? Se eu tivesse recebido tanto, já viveria na *datcha* e trabalharia no teatro como um mecenas. Entretanto, ele não tem dinheiro e rogou que eu telegrafasse ao senhor para que lhe enviassem algo, ainda que uma pequena quantia.
>
> [...]
>
> Craig chegou agora e diz que estaria bem mais satisfeito se o pagassem neste prazo, ao terminarem o trabalho, pagassem e ponto final.
>
> Mas esticaram o trabalho para um prazo sem fim, estão mudando as datas de sua chegada e o próprio Craig não sabe quando precisarão dele. E, claro, ele estaria bem mais satisfeito de possuir uma condição anual. Agora, a sua família já não tem nenhum tostão. Ele mesmo, tampouco. Não há nenhum contrato assinado, algo que ele e o teatro tenham assinado; ele não tem nada contra isso, enquanto o teatro não altera suas promessas, mas o teatro as altera continuamente!
>
> Eis as palavras dele! O diabo desse embrulhão está tomando impulso. Mas, evidentemente, ele está em grande necessidade e vive apenas com aquilo que recebe de nós. E, provavelmente, na mesma hora absorve isso em sua "máscara" e em cada um de seus inventos.
>
> No lugar do teatro, eu não abandonaria esse artista sem ajuda, mas cuidaria dele como de Górev[27]. Enviaria a ele um dinheiro gradualmente, mas com frequência. Porque, por mais

27 Górev Apolon Fiódorovitch: jovem artista que trabalhou no Teatro de Arte de Moscou, de 1903 a 1908. Filho do conhecido ator trágico Fiódor Petróvitch Górev. O jovem e talentoso artista sofria de alcoolismo. O teatro como que o tomou sob sua proteção, amparou-o e protegeu-o.

que ele não tenha, ele gasta tudo. É preciso mantê-lo o tempo todo, mas não pagar.

Agora, ele está sentado a meu lado numa cadeira com um chapéu redondo, coça o queixo, olha para o teto, segura debaixo do braço um livrinho de pergaminho no qual foi desenhado o novo sistema, o qual ele mostrará apenas ao senhor, e o bastão com castão de osso; franze as sobrancelhas, esfrega o seu queixo, e não sabe o que será dele, o que falar, para onde telegrafar e, em geral, o que fazer.

Uma figura infeliz, abatida, que, apesar de tudo, estimula em mim a comoção e um sorriso.

É preciso mantê-lo. É o que eu sinto agora. O que então fazer se, apesar de tudo, no fim das contas, ele é uma criança e um artista? É impossível fazer qualquer contrato com ele, pois tudo o que diz respeito ao serviço prático sempre estará em desordem ao seu lado. Mas, apesar de tudo, é preciso mantê-lo de alguma forma. Eis a minha opinião.[28]

Ainda assim, apesar de toda a atenção dada a Craig durante quase dois anos de trabalho árduo, no momento de colocar o nome dos diretores no cartaz da apresentação o encenador teimou em colocar apenas o próprio nome e o de Stanislávski. Diante disso, Stanilsávski escreveu a Leopold Sulerjítski, em 22 de dezembro de 1911:

Querido Lev Antônovitch!

Hoje, o senhor não esteve no teatro, ontem não veio nos ver...

Ou o senhor ficou doente, e neste caso escreva uma palavrinha sobre o seu estado de saúde, ou o senhor protesta ostensivamente e se irrita, e então começo a ficar chateado por terminar tão tristemente um trabalho começado com alegria. Quando eu fico diante de tais hipóteses, sinto-me um tolo e não compreendo nada. Sinto que preciso fazer algo, compreender

28 Sulerjítski apud C. Stanislávski, op. cit., p. 479.

algo e não sei e nem entendo o que acontece. O senhor se zangou com Craig pela mudança da luz? Não acredito e não compreendo. Pois Craig criou o cenário e a ideia... [...] Há uma suposição de que o senhor se ofendeu pelo cartaz.

Mais do que eu?

Craig veio com uma choradeira, rejeitou todas as propostas. O teatro exige que o nome de Craig apareça, já que o escândalo que ele fez se tornou conhecido na cidade. Craig exige no cartaz o meu sobrenome, já que teme a responsabilidade e se mune comigo, como com um bode expiatório. Em meio a todas estas artimanhas, eu devo reconciliar Craig com o senhor ou o senhor com Craig, já que não posso ficar sozinho no cartaz. Eu não penso em nada nesses minutos. Vou atrás de um conselho e o senhor me fala sobre *O Pássaro Azul*. Então eu não entendo nada.

Não se pode viver, viver, e de repente se ofender sem explicar os motivos. Que o senhor está ofendido com Craig eu entendo, apesar de também lamentar. Mas.... Craig é um grande artista, é nosso hóspede e, na Europa, estão seguindo a sua criação como nós. [...] Troque a raiva por piedade e não arruíne o bom início com um mau final.[29]

Ao que Leopold Sulerjítski responde prontamente, em 23 de dezembro de 1911:

Caro Constantin Serguiêievitch!

Craig é um grande artista e como tal se conserva e se conservará para mim, eternamente. Que ele é nosso hóspede também sei e, aparentemente, no decorrer de dois anos de trabalho com ele provei que consigo aguentar tanto a rudeza e a irritabilidade quanto a confusão deste homem, e, apesar disso, amá-lo com sinceridade.

29 C. Stanislávski, Vospominania o Sulerjítskom, em L.A. Sulerjítski, *Povesti i Rasskazi*, p. 486.

Que a Europa o acompanhe, para mim decididamente dá na mesma, e minha atitude não mudaria com relação a ele ou qualquer outra pessoa por causa disso.

Iluminar ele pode, como queira, esse é o seu direito e eu não tenho nada contra isso, ajudei-o e amanhã trabalharei na iluminação do "quarto", pois, no espetáculo, assim como em toda a peça, os biombos não estão sozinhos, há também o meu trabalho e o seu, bem como o trabalho do teatro, e, uma vez que é preciso reformar algo, então vou reformar, já que é o senhor, o diretor principal da peça, quem quer isso.

E, além do mais, por enquanto *Hamlet* não está terminado, estou pronto para executar as tarefas de Craig, inclusive no caso de elas irem de encontro às minhas opiniões e de o senhor acreditar que Craig está correto.

No campo do trabalho artístico eu não posso estar ofendido, isso seria engraçado e tolo. O senhor sabe disso muito bem, e sabe o porquê: eu já acredito muito pouco em mim mesmo e em minhas forças, tanto mais quando trabalho com o senhor.

Não é inteiramente assim com Craig.

Quando ele fala sobre as linhas, o desenho, a composição e, inclusive, a iluminação, eu sinto que isso é Craig, mas quando a questão se refere à direção, eu não fico convencido, aqui, de ele estar incontestavelmente correto: ele se interessa muito pouco pelo ator.

Deste ponto de vista, "A Ratoeira"[30] é iluminada com pouco êxito, e, se ela teve sucesso no ensaio geral, então não foi graças à iluminação, mas apesar desta iluminação. Todos se queixaram de não verem Hamlet, e o público da primeira apresentação não perdoará o teatro por isso.

Mas também essa mudança não me ofende e nem pode ofender. Eu posso lamentar que essa luz prejudique tanto o

30 A Ratoeira – cena do terceiro ato de *Hamlet*, uma das mais interessantes no espetáculo do TAM. Craig construiu essa cena com bruscos contrastes de sombra e de luz.

espetáculo como a Katchálov[31], mas de modo algum me ofender, visto que mais uma vez acredito pouco em mim mesmo e facilmente consinto em pensar que estou errado, embora me dê pena que o senhor tão rapidamente tenha cedido à opinião de todos, já que o senhor discutiu com Craig cerca de dez minutos sobre isso, dizendo que em tal escuridão é impossível representar, que para os biombos é bom, enquanto para os atores e para o espetáculo é ruim.

Mas, repito, também aqui não há nenhuma ofensa.

Craig não quis que eu estivesse no cartaz, depois de dois anos de trabalho pesado, depois de muitos, como dizer, sacrifícios feitos a ele, reconhecendo que sem mim é pouco provável que ele tivesse sucesso na condução de seu trabalho em nosso teatro, pelo menos até o final, e isso é inesperado para mim.

E só.

Mas não é ofensivo.

O Craig-artista ficou para mim, o Craig-amigo se foi para sempre, completamente.

Conheci bem esse tipo de inglês durante o tempo da minha atividade na Inglaterra e na América.

Não pode haver nada em comum entre mim e ele e, portanto, não haverá. Aqui, não existe nenhuma ofensa, mas eu nunca vou realizar nenhum trabalho com ele: apenas não é interessante trabalhar com um homem assim, e isso é tudo.

E o trabalho dele, o que quer que seja, eu verei com prazer, como sempre vi.

Onde unicamente tive todo esse tempo uma sensação de ofensa imediata, bastante pungente, foi quando o senhor se pôs a perguntar o que se há de fazer comigo e com Craig, que diz não querer que eu esteja nos cartazes.

A ofensa esteve no fato de que, por dias, não eu (eu penso o contrário), mas o senhor mesmo me disse que era preciso

31 Vassili Ivánovitch Katchálov, ator do TAM. Fez o papel de Hamlet nesta encenação.

me colocar no cartaz, já que, em sua opinião, para mim isso era importante, em vista de eu estar trabalhando ao seu lado. Mas custou a Craig – não ao Craig-artista, mas ao Craig-aventureiro, ao descarado negociante que se encontra dentro dele e com o qual ele surge nesta história – querer isso, e o senhor, considerando que ele foi injusto comigo e pensando que para mim isso era importante, ficou pronto, no mesmo instante, para me sacrificar a ele, e ainda por cima me pergunta em pessoa sobre isso.

De modo involuntário, lembrei-me de como, sempre que estive no meu direito, mas foi preciso me defender, o senhor, minimamente pressionado, e inclusive a partir de uma possibilidade de pressão, logo esteve pronto para sacrificar a mim e a meus interesses, não apenas os imaginários, como neste caso, mas também os verdadeiros.

E sempre sacrificava.

E, entretanto, eu vejo que com seus outros amigos o senhor pode fazer o mesmo, e fazer vigorosamente, para que os interesses deles não sofram injustamente.

E quando tudo isso é lembrado junto, como eu me lembrei da última vez, então se torna muito ofensivo, e surge a questão: estariam corretas as nossas boas relações?

Muito em breve, isso se esquecerá, mas a marca de cada caso desses permanece involuntariamente na alma e leva a uma unhada de leve em nossa relação.

E só.

Ofensa houve, eu a senti algumas horas, mas depois ela se foi e ponto final.

O senhor diz que é preciso terminar bem aquilo que começou bem. É preciso dizer isso a Craig e ao senhor, não a mim.

Para finalizar: não estou ofendido com Craig pela conduta dele, mas as pessoas capazes disso não me interessam: não são companhia para mim, eu simplesmente evito encontros com pessoas assim e de nenhuma forma me reúno com elas, nem para ensinar nem para reeducar; há muitas destas, para mim enfadonhas e desagradáveis, e eu apenas as evito.

E, para o senhor, eu juro: não é nem a primeira e nem será a última vez que me ofendem.

Vai ser sempre assim.

Não havia nada em mim que impedisse de tratar comigo, tanto mais que o senhor nem observa tais casos. Não é possível fazer nada, então.

Entretanto, se acumular unhadas demais deste tipo, tantas que elas salguem algo intacto, então provavelmente nossas boas relações arrefecerão.

Mas a vida é curta e casos assim são pouco frequentes, de modo que existem lugares de sobra para as unhadas e isso significa que tudo caminha como antes.

Abraço-o,

Seu Sulerjítski.[32]

Apesar deste episódio, a situação não se estendeu e nem terminou mal como temia Stanislávski. Muito pelo contrário, a peça estreou em 1912 e, apesar de Stanislávski e Craig não terem ficado muito satisfeitos com seu resultado, obteve grande sucesso[33].

Das quatro peças encenadas pelo TAM na época em que Sulerjítski foi assistente de direção, *Hamlet* foi, sem dúvida – ao lado de *O Pássaro Azul* –, aquela em que o diretor mais se destacou, desempenhando papel fundamental. Além de todo o auxílio prestado a Craig, a significação de Leopold Sulerjítski se estendeu também no que diz respeito à própria encenação, uma vez que ele interferia com suas ideias e fez de tudo para fortalecer a fé de Stanislávski numa interpretação que realçasse o tema moral da tragédia de Shakespeare, despertando o lado humano nesta encenação.

32 L.A. Sulerjítski, *Povesti i Rasskazi*, p. 487-489.

33 Para detalhes desta encenação realizada pelo Teatro de Arte de Moscou, ver C.L. Takeda, *O Cotidiano de uma Lenda*, p. 373-403.

Despertar o lado humano pela arte foi um dos grandes objetivos de vida de Leopold Sulerjítski. Esse desejo pulsava dentro dele desde o ano de 1905, quando, após ter assistido à tragédia da derrota da Revolução Russa, Sulerjítski decidiu tomar para si a tarefa de revigorar o mundo moralmente de alguma maneira. Por isso, a partir do momento em que se tornou assistente de direção do Teatro de Arte de Moscou, em 1906 e até o fim da vida, vemos rastros deixados por ele nesta direção.

Em 29 de agosto de 1915, época em que ele já trabalhava no Estúdio, lemos a seguinte entrevista, dada ao jornal *Utro Rossíi*:

> Nós perguntamos como a guerra conseguiu se manifestar no Estúdio na apreciação das obras de arte e nas tarefas habituais da arte.
>
> A guerra – foi a resposta – com uma particular agudeza apresenta as tarefas habituais da arte. Coloca-se cada vez com maior insistência a tarefa de juntar todos os esforços para a realização do objetivo fundamental da arte: despertar o humano no homem.
>
> Esse é o princípio que orienta todos os trabalhos do Estúdio. A principal atenção dos diretores do Estúdio está voltada para a expressão de uma ideia. Neste ano e no ano passado, durante a escolha das peças, durante os ensaios e apresentações nós nos esforçamos para encontrar e propor tudo aquilo que une as pessoas, tudo o que fala sobre aquele humanismo que testemunha a origem divina no homem.
>
> Destas buscas pelo humanismo, pela cordialidade, surge a lógica do repertório da temporada. Assim, a primeira encenação é a renovação de *O Grilo na Lareira* e desenha um início favorável, encarnado por um grande homem, com um "grande coração": Dickens.
>
> A segunda e nova encenação é *O Dilúvio*; constitui uma antítese da primeira. É uma sátira da vitória sobre o homem que começou a oposição.

Em relação ao exposto, se houver de nossa parte um trabalho intenso sobre a forma, como objetivo sempre restará manifestar por meio da forma o conteúdo, a ideia geral.

Como ver todo o seu envolvimento com o teatro de seu tempo e não considerá-lo diretor?

Diante do fato de ele ser essa figura multifacetada, de amar o teatro, de estar presente num período crucial para o desenvolvimento das novas ideias de Stanislávski, de participar de importantes montagens do TAM, e, sobretudo, diante do fato de ele colocar a questão do humano em primeiro plano, é impossível não enxergarmos a sua significação neste campo.

A verdadeira arte pressupõe a humanidade dentro de si e foi exatamente isso que Leopold Sulerjítski logo compreendeu. Foi exatamente essa semente, a semente da humanidade e do amor pelos homens, que ele plantou no início de seu trabalho no TAM. E que, como veremos, floresceu com exuberância no decorrer de sua atividade artística, a partir daí.

O Estúdio Como Ponte Para o Sistema

O fenômeno que foi o aparecimento dos Estúdios Teatrais é descrito por Pavel Márkov como algo natural e que necessariamente deveria fazer parte da história do teatro russo. Era impossível que os teatros existentes continuassem a dar conta das novas ideias que surgiam. Portanto, essas células que foram os Estúdios apareciam na qualidade de novos centros de teatro, locais onde era possível realizar experimentos e jogos com os atores sem interferir no andamento da vida teatral do país.

Constantin Stanislávski, que há algum tempo vinha buscando novas formas de trabalhar com os sentimentos e de educar os atores para que pudessem controlar as emoções e saber precisamente quando utilizá-las, teve uma importante participação neste fenômeno natural da história do teatro russo. Aproveitando o desejo de colocar em prática o seu sistema, que vinha sendo elaborado na época, decidiu abrir um Estúdio Teatral. E, para tal empresa, contou com a participação de Leopold Sulerjítski, que há muito o apoiava na criação e divulgação do sistema.

A esposa de Leopold Sulerjítski, Olga Sulerjítskaia, conta em suas recordações sobre como o marido se encontrava com Stanislávski diariamente e como ambos tinham conversas intermináveis sobre o sistema. Essa proximidade e compreensão mútua, quando praticamente mais nenhum dos conhecidos de Stanislávski dava tamanho valor ao sistema, fez com que, em 1910, Sulerjítski fosse o encarregado de organizar todo o material escrito por Stanislávski sobre o assunto até então.

Isso ocorreu quando Stanislávski adoeceu de tifo, em 1910, e Leopold Sulerjítski, indo contra as ordens do TAM, largou todas as suas atividades em Moscou para cuidar do enfermo durante dois meses. Ele não apenas levou os medicamentos necessários para o tratamento de Stanislávski como também a argila para que o doente pudesse moldar as personagens da encenação de *Hamlet*, ainda em processo de criação. Quando Sulerjítski voltou para Moscou, levou consigo uma bagagem pequena, composta, em sua maior parte, por manuscritos tanto da época anterior à doença quanto do período do tifo. Stanislávski pediu a Sulerjítski que o quanto antes colocasse suas anotações em ordem, reimprimisse e lhe enviasse tudo outra vez, em seguida, para que sua esposa, Maria Petrovna, fizesse a devida conferência no material.

Ademais, como forma de experimentarem o sistema, Sulerjítski já aplicava as ideias de Stanislávski desde 1911, na escola dramática criada por Aleksander Ivánovich Adáchev[34]. Nesta escola, reunindo grande

34 A.I. Adáchev (1871-1934): ator do TAM de 1898 a 1913. Sua escola de teatro esteve em funcionamento de 1906 a 1913.

afinco e paciência, Sulerjítski se dedicou à tarefa de passar aos alunos tudo o que vinha aprendendo com Stanislávski há algum tempo.

Em livro dedicado às suas experiências artísticas[35], a atriz Serafima Bírman, aluna de Sulerjítski na escola de Adáchev e futura atriz do Estúdio, fala sobre como inicialmente a aparição de Leopold Sulerjítski espantou os alunos. Como assim, esse homem com barbas e bigodes, com estas roupas e que não é artista de verdade ia dar aulas na escola particular de Adáchev? Era o que se passava na cabeça dos alunos. Mas logo todos aprenderam a respeitar e se entusiasmar com as aulas do novo professor. E, com o tempo, a própria atriz percebeu que "o teatro do futuro, o Teatro com letra maiúscula, se tornou o objetivo de Sulerjítski. Ele se entregou por inteiro ao novo trabalho, completamente"[36].

Em 1912, Stanislávski e Sulerjítski juntaram um grupo de jovens artistas – o que incluía alguns dos atores da escola de Adáchev, tais como Serafima Bírman e Evguêni Vakhtângov – e, a partir desta junção, inauguraram o Primeiro Estúdio do TAM num pequeno espaço da Rua Tverskaia. Esse novo ambiente, sem palco e semelhante a um auditório sem cátedra, permitiria daí por diante a busca pelos novos princípios de encenação.

No dia da inauguração, Stanislávski discursou a respeito de seus planos e expectativas com relação ao Estúdio. Em suas palavras, evidenciou-se a preocupação em aperfeiçoar o sistema e, ao mesmo tempo, utilizar métodos inovadores que buscassem aprimorar a criatividade do ator. De acordo com anotações deixadas por Leopold Sulerjítski, Constantin Stanislávski teria dito, neste dia, que:

> O Estúdio vive ao lado do Teatro de Arte para ajudá-lo.
>
> Ele se ocupa das questões do trabalho criador do ator (o sistema), formando o artista pedagogicamente, proporcionando-lhe a prática com a ajuda de exercícios diários e, possivelmente, no futuro, os espetáculos paralelos.

35 Cf. S. Bírman, *Sudboi Darovanie Vstretchi*.
36 Ibidem, p. 42.

> Realiza novas experiências de atividade criadora coletiva de autores, atores e diretores sobre a criação das peças (método de Górki[37]). Experiências com os efeitos de luz e de decoração, e com as possibilidades cênicas. Experiências com pantomima para grandes apresentações de espetáculos. Experiências com relação à parte econômica. A busca pelas formas de gerir corretamente a economia teatral.[38]

As anotações de Sulerjítski acerca do discurso de Stanislávski já comprovam a grandeza do projeto idealizado por ambos. Da criatividade do ator ao trabalho de gestão; da formação pedagógica à prática de exercícios; da atividade dramatúrgica ao trabalho de direção. Tudo era indispensável à sua arte e deveria ser contemplado pelos novos integrantes do Estúdio sem que houvesse menosprezo a qualquer das funções relacionadas com o fazer teatral. Era necessário nutrir os artistas do futuro com todas as possibilidades pertencentes ao seu presente. Prepará-los para a arte e para a vida.

De fato, o caráter experimental foi o que guiou o Estúdio, inicialmente. Stanislávski tinha consciência de que nenhuma constatação pode partir do vazio. Para que o sistema ganhasse a força que tem hoje, era preciso que não ficasse apenas na teoria, mas que fosse também para a prática. Somente a efetiva aplicação de seus conceitos, a tentativa, as dificuldades, a nova tentativa e, enfim, a tão esperada conclusão a partir do real trariam uma base mais sólida para as constatações feitas por Stanislávski.

Os cadernos de Stanislávski deixam bem claro esse caráter constante de busca e experimentação[39]. Em anotações feitas entre 1908

37 Método através do qual o dramaturgo passaria a escrever as peças a partir das vivências e criações dos atores.

38 C. Stanislávski apud E.I. Poliákova, *Teatr Sulerjítskovo*, p. 181. De acordo com Poliákova (p. 182), Sulerjítski anota ainda que a menção à tarefa de gestão das economias deixou espantados os artistas presentes, os quais não esperavam ter também, a partir daí, a tarefa de um contador.

39 Vários destes cadernos de anotação de Stanislávski encontram-se atualmente traduzidos e incluídos na recente publicação de E. Vássina; A. Labaki, *Stanislávski, Vida, Obra e Sistema*.

e 1913 Stanislávski fala do sentimento afetivo. Começa por refletir teoricamente acerca da questão proposta[40] e, em seguida, parte para o relato da experiência vivida e conta sobre o dia em que durante uma aula foi solicitado como tarefa que os alunos sentissem temor. Neste caso, o experimento deu-se a partir de certos estímulos, excluindo-se na medida do possível a tensão muscular[41], que será um dos elementos bastante abordados pelo sistema.

A experiência parecia bem-sucedida e, de acordo com Stanislávski, todas as vivências haviam sido atingidas sinceramente. Até que o professor resolveu pintar os afetos com a cor do medo e todos os alunos, por hábito, puseram-se tensos. Consequentemente, uma vez que a tensão ocupava o primeiro plano, a representação do medo se tornou mais perceptível do que a vivência afetiva[42].

Enquanto o professor utilizava o ocorrido para falar a respeito do medo, um aluno, ainda sentado, chamou a atenção do grupo. De acordo com Stanislávski:

> ele quis levantar e murmurou alguma coisa, mas não conseguiu se levantar. [...] percebemos que ele estava pálido e realmente assustado e não conseguiu logo entender o que estava acontecendo ao seu redor e o que lhe perguntavam. Verificou-se que, vivenciando o medo afetivamente e tentando matar o hábito cênico, ou seja, relaxar os músculos, "o aluno (Sulerjítski)", sem querer, lembrou-se não pelo pensamento,

40 Lê-se aqui a seguinte anotação teórica: "Se, graças à excitação criadora, você sente inconscientemente algum sentimento que já tenha experimentado [...] Quando e como isso aconteceu eu não me lembro, mas as lembranças dessa sensação permanecem. Assim como, às vezes, você sente que um mesmo momento é repetido na sua vida. Em algum momento e em algum lugar, a mesma coisa aconteceu, mas eu não me lembro onde. É isso o afeto dos sentimentos [...] O ator precisa do afeto do sentimento: consciente (ainda melhor) ou inconsciente" (E. Vássina; A. Labaki, op. cit.).

41 De acordo com Stanislávski, é imprescindível que o ator aprenda a relaxar os músculos. Para ele, "enquanto existe tensão física não se pode falar em sensações corretas e sutis, nem em uma vida espiritual normal da personagem. Por isso, antes de iniciar a criação, é necessário colocar em ordem os músculos para que não paralisem a liberdade de ação" (Ibidem, p. 303).

42 Ibidem, p. 209.

> mas pelo sentimento de um momento parecido em sua vida. Ele estava na cela de uma prisão, ouviu o barulho de chaves na porta e entraram algumas pessoas desconhecidas. Ele ficou tão assustado que não conseguiu se levantar. Agora, ele não se lembra quem eram essas pessoas e por que vieram, não se lembra de seus rostos, mas só se lembra da sensação: a fraqueza do corpo por causa do medo. Lembrando, na vivência afetiva, do medo, ele involuntariamente se lembrou do momento análogo e mais marcante da sua vida[43].

De discípulo atento a mestre do Primeiro Estúdio, seria agora Leopold Sulerjítski a aplicar, na prática, todos os ensinamentos que tão bem vinha conservando desde o início de seu trabalho ao lado de Constantin Stanislávski.

A prova de que Sulerjítski estava sempre refletindo e guardando consigo as lições de Stanislávski são os diários que o próprio Sulerjítski manteve entre 1912 e 1916. Estas anotações de diário, atualmente conservadas em cópias datilografadas nos arquivos da Biblioteca Estatal de Arte e Literatura de Moscou (RGALI)[44] e, em parte, publicadas na revista *Vestnik Teatra* de 15 de fevereiro de 1919, encontrada na Biblioteca Lênin, são em grande medida reveladoras das inter-relações existentes entre o pensamento artístico de Leopold Sulerjítski e Constantin Stanislávski.

Desde a primeira anotação dos diários é perceptível a conexão existente entre os pensamentos de ambos, quando Leopold Sulerjítski diz: "Vulgaridade e grosseria: eis aí as duas coisas mais cansativas para mim. No entanto, é-se obrigado a dar de encontro com elas e aguentá-las diariamente. Às vezes, eu aguento, às vezes, isso irrita tanto que eu não consigo mais suportar."[45] Com estas palavras, Sulerjítski está apontando nitidamente para um dos principais alvos

43 Ibidem.
44 As anotações mantidas no arquivo estão em sua maior parte publicadas no livro de Elena Poliákova. A revista publica nesta data as anotações de diário referentes à histeria, feitas em 9 de dezembro de 1913.
45 L.A. Sulerjítski, *Povesti i Rasskazi*, p. 341.

contra os quais Constantin Stanislávski iria lutar por toda a vida no teatro: a vulgaridade em cena.

Em *Minha Vida na Arte*[46], não são poucas as passagens em que Stanislávski se revela estar farto de tudo aquilo que em geral ele considera vulgar em uma realização teatral. E, nesse sentido, o clichê cênico é apontado por ele como fator de destaque, já que, em sua opinião, a presença de todo um acervo especial de clichês assimilados há muito tempo dos cantores italianos, ilustrações ou cartões postais afasta o ator do sublime e do profundo, ao mesmo tempo que o aproxima da vulgaridade. Nas anotações escritas entre novembro e dezembro de 1913, Stanislávski continua a tratar do tema. Ele entende o clichê como algo normal, mas que o ator deve arrancá-lo como se arrancam as ervas daninhas que sufocam uma flor. Pois a presença do clichê em cena não apenas sufoca o ator como cumpre o papel de um ruidoso tambor, o qual não permite que o ator ouça a sua vivência interior, ou seja, o violino que tenta incessantemente tocar dentro de si e se fazer ouvido[47].

Curiosamente, na mesma época, precisamente em 9 de dezembro de 1913, Leopold Sulerjítski se encontra às voltas com a questão do clichê cênico e escreve a esse respeito em seu diário:

> Parece-me que existem dois tipos de esforços e clichês: o muscular e o nervoso.
>
> O muscular é quando uma pessoa, sem sentir nada, tenta lembrar de cabeça como forçar a contração dos músculos que

46 Traduzido para o português por Paulo Bezerra.

47 Cf. C. Stanislávski, *Minha Vida na Arte*, p. 389: "Para transmitir cenicamente as vivências genéricas ou sublimes do poeta, existe entre os atores todo um acervo especial de clichês desgastados, como o levantar dos braços com as palmas da mão e os dedos abertos, com o gestual teatralizado, o marchar teatralizado em vez do andar etc. É exatamente assim! Em nós, sedimentaram-se dois tipos de gesto e movimento: uns comuns, naturais, cheios de vida, outros incomuns, contranaturais, sem vida, empregados para transmitir, no teatro, todo o sublime e abstrato. Esse último tipo de gesto foi assimilado há muito tempo dos cantores italianos ou de maus quadros, ilustrações e cartões-postais. Com essas formas vulgares, será possível transmitir o supraconsciente, o sublime e o nobre que há na vida do espírito humano, aquilo que torna Vrubel, Maeterlinck ou Ibsen belos e profundos?"

participam das manifestações deste ou de outro sentimento, tentando, desta forma, passar um sentimento. Alguns atores fazem isso com muita habilidade, muita semelhança e até com um interior absolutamente vazio; mas, apesar de tudo, nós, isto é, nosso teatro, inclusive os alunos, com bastante facilidade o reconhecemos e descobrimos.

Já o outro clichê é o nervoso, quando o ator encontra o sentimento vivo por meio da análise correta da peça, do núcleo, da ação transversal, das tarefas etc., isto é, encontrando o caminho tanto em si quanto nos sentimentos vivos, e depois, gradualmente, esquecendo-se de como existem esses sentimentos; o ator começa a viver apenas com os sentimentos, irritando os próprios nervos sensoriais através dos quais os sentimentos passaram quando foram criados. Ele até é sincero nos seus sentimentos, mas está sem objetivo e, portanto, é desnecessário em cena.

O primeiro clichê é possível sem qualquer trabalho sobre o papel, o segundo se formará nos espetáculos. O primeiro me parece semelhante ao homem que arranca com as mãos uma flor da terra e, para que ela cresça, arruma os botões com os dedos etc., completamente esquecido das raízes. O segundo planta uma semente, cuida das raízes, rega e afofa a terra, enquanto a flor não cresce. Quando ela cresce, abandona gradualmente as raízes e dá toda a atenção para a flor; e, para que ela fique mais bonita, começa a pintá-la com tintas a óleo; por causa disso, as raízes secam ainda mais e as flores, por sua vez, também por isso empalidecem; então pinta-a mais, toda a planta murcha completamente e o que resta é uma boneca morta, repugnante e borrada.

Mas onde está aquele que tratará sempre apenas das raízes e alcançará a exuberante florescência de toda a planta? Há poucos desses. Esse é o destino dos grandes talentos. Ou (em parte) daquelas pessoas que, embora não extremamente talentosas, têm uma visão de mundo ampla e abrangente, para

> as quais nunca os próprios *sentimentos*, a força que possuem, a sua exibição para a massa – e, portanto, o seu engrandecimento diante dela – estarão em primeiro plano e nem ofuscarão a razão pela qual *lhe é agradável* e alegre vivenciar estes sentimentos em cena.[48]

Assim como no caso de Stanislávski, não era essa a primeira vez que Leopold Sulerjítski tratava dos clichês. Em uma apresentação oral, realizada em 25 de outubro de 1909, no Museu Politécnico, Sulerjítski diz que:

> Todo ator sempre tem no estoque alguns "clichês" preferidos (uns têm dois, outros três ou seis). E quando o ator está vazio, quando o papel não se dá, mas é preciso tanto falar quanto atuar de uma forma ou de outra, imediatamente aparece um "clichê" ou uma combinação deles para ajudar. Essa maneira convencional, esse clichê que em alguns atores é extraordinariamente agradável, encantador e até nobre, na maioria dos casos é tomado por individualidade na imprensa e no público, visto que cada ator é outro, ainda que sua construção interior seja sempre a mesma.[49]

Apesar de o clichê estar presente em outros momentos de sua vida, essa questão se torna muito mais potente em suas anotações de 1913 por vir, acompanhada de um acontecimento marcante ocorrido no Primeiro Estúdio, isto é, precisamente a apresentação da peça *A Festa da Paz*, de Gerhart Hauptmann[50].

A peça foi dirigida por Vakhtângov, sob a supervisão de Leopold Sulerjítski, e apresentada em 15 de novembro do mesmo ano. Mas, diferentemente de outras encenações do Estúdio sobre as quais falaremos mais adiante, essa peça não deu bons frutos, ao menos

48 L.A. Sulerjítski, *Povesti i Rasskazi*, p. 347.
49 Ibidem, p. 319.
50 Dramaturgo alemão naturalista (1862-1946).

para Stanislávski e o próprio Sulerjítski, que ficaram descontentes com o resultado. Sobretudo porque, durante a encenação, uma das senhoras da plateia entrara em histeria. Elena Poliákova assim descreve o ocorrido:

> O espetáculo está sendo interpretado para os espectadores. Na sala de 120 lugares, respira-se em uníssono com a família Sholtz. Gritos histéricos – evidentemente que femininos – acompanham a ação cada vez com maior frequência. As damas, modestamente vestidas como senhoras-estudantes[51] ou empregadas (há cada vez mais destas – telefonistas, datilógrafas, estenógrafas, secretárias e desenhistas), choram na sala até que o choro se transforma em gritos, em asfixia. Uma mulher sai em meio à ação, ou são obrigados a levá-la pela mão; a dar-lhe amoníaco para cheirar e a ajudá-la a chegar ao banheiro feminino, onde poderá se sentar, empoar-se e partir dali num cocheiro em direção ao próprio apartamento com um pinheiro e uma ranhura no assoalho.[52]

A partir deste acontecimento, a histeria passou a ser repudiada ainda mais por Sulerjítski, não apenas em seu diário, como também em conversas com os alunos do Estúdio.

Do primeiro caso é prova irrefutável desta condenação a longa anotação feita em dezembro de 1913, a qual contém frases como "Alguém que se agita em histeria sempre dá pena, tal como uma pessoa num ataque epilético", "A histeria é contagiosa", ou "A histeria no teatro, em obras dramáticas, é um indicador tão ruim para o ator quanto uma gargalhada animalesca do público em obras cômicas", entre outras[53].

51 A palavra aqui é *kursistki*, isto é, estudante de curso superior na Rússia antes da Revolução de Outubro.

52 E.I. Poliákova, *Teatr Sulerjítskovo*, p. 201.

53 L.A. Sulerjítski, *Povesti i Rasskazi*, p. 342-344. As anotações de diário encontram-se traduzidas na íntegra e diretamente do original no final deste livro, em Cartas e Anotações do Diário.

Do segundo dá provas um breve relato feito pela atriz do Estúdio, Sófia Guiatsíntova, que, neste caso, fala sobre a repercussão da peça de Hauptmann. Após contar como Constantin Stanislávski condenou severamente o espetáculo e como os atores choraram baixinho diante de seu fracasso perante o diretor, a atriz do Estúdio fala a respeito da recepção geral da peça em contraposição à reação de Sulerjítski:

> O espetáculo foi bem recebido: as acusações de histerismo e de "conversa caseira cotidiana" etc., feitas por alguns críticos, afundaram diante de pareceres entusiastas de outros críticos, que afirmavam que, na cena do Estúdio, acontecia um milagre psicológico: a autenticidade dos sentimentos, a descoberta das vivências, o desnudamento dos corações. Os espectadores seguiam os acontecimentos com tensão e, frequentemente, rompiam em prantos. Nós gostávamos disso, mas Sulerjítski sofria por uma compreensão tão selvagem do sucesso e ralhava conosco: – Entendam – esganiçava-se ele –, uma vez que na sala há histeria, quer dizer que vocês interpretam abominavelmente! Vocês precisam conquistar a fantasia, a alma, mas vocês atraem os nervos. Isso não é da arte!
>
> Nós acreditávamos em Leopold Antônovitch, mas, como esconder? Ainda mais depois dos soluços e os aplausos. E é claro que nós mesmos já nos tínhamos em alta conta num dia em que, depois do espetáculo, vimos Górki. Aproximando-se de nós por um canto rangente da escada, ele chorava em um lenço enorme. Atrás dele, também chorando, vinha Maria Fedorovna Andreevna. Eles nos elogiaram, surpresos em ver como, com tal juventude, nós mostramos uma arte completamente "adulta". A admiração deles fortaleceu a reputação do espetáculo, ainda que o correto, é claro, fosse Súler; mais tarde, nós compreendemos isso.[54]

54 S. Guiatsíntova, apud E. Vakthangov, *Dokumenti i Svidetelstva: v 2t.*, p. 364.

Sulerjítski estava ciente da apreciação do público. Ele sabia, assim como Stanislávski, que os espectadores inevitavelmente buscavam o entretenimento no teatro. Mas não desejava que a arte teatral servisse apenas como um meio de entreter e, por isso, condenava ferrenhamente quaisquer obstáculos que afastassem o teatro de seu significado mais profundo. Para ele:

> A histeria é contagiosa.
>
> Eis que isso ocorre agora.
>
> E eis por que eu não gostei deste ataque de nervos que nós tivemos no Estúdio. Esse é um caminho perigoso. Um espetáculo assim pode ter um sucesso estrondoso, já que o público gosta, adora isso que chamamos de "forte impacto", assim como gosta da tourada, da luta, do teatro de horrores, dos terríveis exercícios com fogo, dos saltos, perigosos para a vida: tudo aquilo que "abala" e, portanto, entretém, sem aprofundar. Mas então o teatro deixa seu pedestal e põe-se no nível de tudo aquilo que é entretenimento[55].

Para Márkov[56], Sulerjítski formulou muito corretamente os perigos presentes na histeria, sobretudo porque a partir do momento em que ela entra em cena a interpretação se extingue e é justamente neste ponto que nascem os perigosos clichês. Portanto, ao condenar a histeria, Sulerjítski resistia a todo tipo de clichês que faziam com que o ator abandonasse a sensível interpretação que havia no pequeno teatro do Estúdio, cara a cara com o espectador. Pois seria impossível a um só tempo buscar a pureza da atividade criadora e entrar em histeria.

Havia ainda o perigo do contágio, já que o público podia ser levado a participar do espetáculo da mesma forma que o ator, isto é, entrando em histeria. O que não seria difícil de acontecer, já que:

55 L.A. Sulerjítski, *Povesti i Rasskazi*, p. 344-345.

56 P. Márkov, Pervaia Stúdia MXT (Sulerjítski, Vakhtângov, Tchékhov), *O Teatre, v 4 tomakh*, p. 360.

> A histeria é terrivelmente contagiosa e, a cada ano que passa nessa nossa vida insensata, torna-se mais contagiosa, tanto psicologicamente (dos desejos mesquinhos e fúteis de chamar a atenção para si mesmo) quanto fisicamente (das inverossímeis e insanas condições de vida, da falta de trabalho físico e de tudo aquilo que tão irremediavelmente desmancha nossos nervos e abre terreno para todo tipo de doenças nervosas).[57]

Apontada pela psicanálise como uma anomalia do sistema nervoso fundamentada na distribuição diferente das excitações, cuja sintomatologia é composta por fatores como ataques convulsivos, paralisia e distúrbios da atividade sensorial, podendo haver ocasionalmente instabilidade da vontade e alterações de humor[58], a histeria estava absolutamente em desacordo com os princípios artísticos responsáveis por mover Leopold Sulerjítski em suas atividades no Primeiro Estúdio.

Ao gritarem, debaterem-se e deixarem que seus corpos os comandassem em vez de eles comandá-los, os atores se afastavam lentamente dos ensinamentos que eram divulgados dentro do Estúdio. Ficavam cada vez mais distantes da vivência de que fala Stanislávski em seu sistema, ao mesmo tempo que caíam na sensibilidade exagerada e desnecessária ao teatro de que fala Diderot: "É a extrema sensibilidade que faz os atores medíocres; é a sensibilidade medíocre que faz a multidão dos maus atores."[59]

Em suas anotações, feitas entre 1907 e 1908[60], Stanislávski resume bem essa questão, dizendo que, em vez de se esforçar para atrair a atenção para si, o ator precisa ter tranquilidade exterior e, por meio desta, economizar os seus gestos e movimentos, dando ao público a possibilidade de se interessar pela vivência presente em cena. A melodia e a música da alma é que devem ser fortes e isso é

57 L.A. Sulerjítski, *Povesti i Rasskazi.*, p. 342.
58 Cf. S. Freud, *Textos Escolhidos de Psicanálise de Sigmund Freud: 1. Histeria*, p. 53-57.
59 D. Diderot, *Paradoxo Sobre o Comediante*, p. 172.
60 Stanislávski, apud E. Vássina; A. Labaki, *Stanislávski, Vida, Obra e Sistema*, p. 166-167.

conquistado a partir do momento em que o ator deixa de se agitar e dar ênfase ao que é visualmente apreendido pela plateia e passa a se voltar ao desenho psicológico do papel; a partir do momento em que compreende que "quanto menos se oferece para os olhos mais se oferece para a alma", conquistando com isso a atenção e a alma de cada espectador.

Se *A Festa da Paz* havia desagradado ambos os diretores por sua falta de delicadeza e excesso de agitação, ao mesmo tempo servia-lhes como instrumento de prática e reflexão, precisamente num ambiente onde experimentar e refletir acerca da arte teatral eram ações não apenas possíveis como necessárias desde o primeiro instante.

Tendo sido criado com o intuito de realizar uma pesquisa fundamentalmente prática e experimental, na qual o ator era a figura central capacitada para a atividade criadora, o Primeiro Estúdio do Teatro de Arte buscava mais a realização de um trabalho de laboratório desvinculado de preocupações com o resultado final do que a apresentação diária de espetáculos. Se, por um lado, é óbvio que Leopold Sulerjítski e Constantin Stanislávski buscavam fazer tudo bem feito, e com certeza desejavam obter bons resultados toda vez que alguma peça por eles dirigida era encenada, por outro, era possível utilizar cada acontecimento alegre ou decepção como um instrumento para a evolução não apenas dos alunos, mas também das próprias pesquisas.

Com a criação do Estúdio, Stanislávski não olhava para a concretização de novas formas no que se refere às encenações teatrais, mas para a experimentação de seu sistema por meio de exercícios práticos e sua aplicação na formação e crescimento do ator. De acordo com Rudnítski:

> A ocupação com o sistema, ao lado de toda a missão do Estúdio, evidenciava para Stanislávski aquilo que ele havia dito em sua conhecida carta a Meierhold: "perdi completamente a fé em tudo o que serve aos olhos ou aos ouvidos em uma cena.

> Acredito apenas no sentido, na vivência e, principalmente, na própria natureza". [...] O Estúdio, portanto, começou o seu trabalho em busca da verdade do sentimento, da verdade da emoção, menosprezando tudo o que serve "aos olhos e aos ouvidos", isto é, a forma.[61]

O Primeiro Estúdio era o local onde a prática de exercícios, as improvisações, as conversas e o estudo da *hatha yoga* serviam para ampliar a visão de mundo dos artistas e inseri-los em conceitos como vivência, vontade, círculo de atenção, o "se" mágico e relaxamento dos músculos, alguns deles ainda em processo de descoberta. Isso fica mais evidente se olharmos para o fato de que no plano de trabalho do Estúdio, escrito em 1912, Stanislávski inscreve o desenvolvimento do sistema como objetivo central[62].

Em 22 de setembro de 1914, Leopold Sulerjítski escreve em seu diário sobre a visita feita por Constantin Stanislávski (referido pela forma abreviada de seu nome, K.S. em russo) ao Estúdio, no dia anterior. Após registrar em suas páginas a empolgação dos jovens estudantes que, no dia da visita, conversavam sobre o sistema, fazendo perguntas como "Por que não há um livro de tarefas?" ou "Por que até agora não se formou uma classe regular e cotidiana, na qual seriam produzidos estes exercícios tanto por atores jovens quanto pelos velhos atores?", Sulerjítski aponta o caráter prático e experimental do Estúdio:

Os exercícios devem ser em separado:

> 1. para o relaxamento dos músculos;
> 2. para a introdução de si no círculo;
> 3. para a afirmação de si mesmo na fé e na ingenuidade;
> 4. para a habilidade de alcançar qualquer *estado afetivo* que seja, a habilidade de alcançar aquela sensação que K.S.

61 K. Rudnítski, *Russkoie Rejisserskoie Iskustvo, 1908-1917*, p. 176.

62 Esse plano encontra-se no livro já citado, *Stanislávski, Vida, Obra e Sistema*, p. 201, em que Stanislávski inclui como primeiros objetivos do Estúdio: 1. Divulgar o sistema, figurantes, escola, atores; 2. Continuar a desenvolver o sistema.

chama "eu existo"[63] diante de diversas existências ou de alguns conjuntos de acasos etc.;
5. para estabelecer um objeto vivo;
6. para a estimulação em si do estado de capacidade para o trabalho, por meio de todos estes caminhos etc.

Além disso, todas essas tarefas devem ser atraentes, devem *ser interessantes para a vontade*[64], uma vez que, conforme a *expressão* de Stanislávski, sempre usada por ele: "Não se pode ordenar nada à vontade criadora. É possível apenas entusiasmá-la"

Ao mesmo tempo que as anotações aparentam ser feitas por um bom aluno que deseja não esquecer o que foi dito por seu mestre, estas frases de seu diário são reveladoras da importância definitiva que o Primeiro Estúdio teve para a construção gradual do sistema e do quanto o sistema vinha sendo aceito pelo grupo e empolgava os jovens aprendizes.

No decorrer da anotação no diário feita neste dia, Sulerjítski fala sobre tarefas e exercícios realizados no Estúdio, sobre os conselhos que Stanislávski dava aos alunos e sobre a forma como o trabalho se dava, em geral. Logo é possível perceber o quanto Stanislávski e Sulerjítski se complementavam em suas ideias. Enquanto Stanislávski diz, por exemplo, que as tarefas da atividade criadora devem ser atraentes à vontade criadora do ator, Sulerjítski sugere, em seu diário: "E eu ainda acrescentaria que talvez estas tarefas devessem ser ao mesmo tempo atraentes não apenas para o ator, mas também àquele que acompanha esses exercícios: o diretor ou o professor."[65]

63 Trata-se da sensação do ator de estar totalmente presente no momento da ação. Esse termo funciona no sistema como sinônimo para "vivenciar/experienciar" e, na prática, todos os elementos do sistema que relaxam o corpo e concentram a mente para a preparação do trabalho podem promover esse estado chamado "eu existo". Uma vez que esse termo tem como fonte o yoga (no yoga, "eu existo" é utilizado para definir a consciência que alguém tem de seu lugar na criação), seu uso no sistema carrega conotações espirituais implícitas.

64 No sistema, *vólia* corresponde a um dos três iniciadores da vida psíquica (vontade, sentimento e intelecto) e do processo criativo. O fato de "desejar", "ter vontade" de resolver o problema de determinada personagem é o que impulsiona o ator a entrar em ação.

65 L.A. Sulerjítski, *Povesti i Rasskazi*, p. 351.

Mas apesar de seu caráter voltado para o experimento, o jogo e o aprendizado, logo os alunos passaram a desejar também as encenações. De acordo com Rudnítski[66], isso era inevitável, já que cada Estúdio esconde em si um teatro em potencial. No Primeiro Estúdio, não era diferente, e quanto mais os alunos se interessavam verdadeiramente pelos exercícios, mais tinham vontade de atuar e, com isso, levar ao público aquilo que estavam aprendendo em aula.

Foi, portanto, a partir de um ímpeto natural dos alunos que Stanislávski e Sulerjítski passaram a experimentar as encenações, inicialmente trabalhando com pequenos contos de Tchékhov, posteriormente com peças mais longas, como foi o caso de *A Festa da Paz*, sobre a qual aqui se falou. Tudo isso nesta nova célula que foi o Estúdio, surgida porque era preciso, e que, graças à sua condução adequada, serviu como uma espécie de ponte para os atores: um caminho em que cada passo era uma descoberta; e cada descoberta, uma forma de aprendizado.

Que Venha Esse Diálogo!

(*Quarto onde viveu e trabalhou por muito tempo Leopold Sulerjítski. Terceiro andar do Estúdio do Teatro de Arte de Moscou. O cômodo é pequeno, estreito e comprido. Há nele apenas uma janela e uma mobília pobre e envelhecida, bastante simples. Vários livros. Uma mesa na qual está um caderno de anotações. Entra Leopold Sulerjítski. Senta-se e põe-se a escrever.*)

Se me pedissem para exprimir em duas ou três palavras quais os traços fundamentais do estudante de teatro, eu diria: se o senhor me disser que algo é difícil de se alcançar em um curto

66 K. Rudnítski, op. cit., p. 180.

> espaço de tempo, eu direi que isso deve ser posto como um ideal, como uma direção na qual devemos trabalhar, e quanto mais longe estiver, tanto mais energicamente nós devemos trabalhar sem desanimar ao ver nossa imperfeição. [...] O respeito ao homem e à arte, a atenção, a fé e a condescendência ao próximo, o rigor e a exigência consigo: eis os principais traços de um estudante de teatro.[67]
>
> (*Pausa. Leopold Sulerjítski lê sua anotação em voz alta. Larga o lápis. Em seguida, fita o horizonte. Silêncio.*)

No arquivo do Teatro de Arte de Moscou há um caderno de anotações de Leopold Sulerjítski com escritos à lápis. Foi precisamente deste caderno, conservado sob o nome de "Esboços do Projeto de Organização Interna do Primeiro Estúdio e Seus Objetivos Éticos e Artísticos", que extraímos a citação anterior.

Essa reflexão, na qual o trabalho, a persistência, o amor ao próximo e a exigência consigo mesmo aparecem em primeiro plano, é em grande medida representativa da busca artística e pedagógica de Leopold Sulerjítski ao longo de sua atividade no Primeiro Estúdio do TAM.

Sua vida foi um diálogo constante com o fazer artístico. E é chegado o momento de expormos, aqui, algumas das relações estabelecidas entre o seu pensamento e o de uma das figuras mais representativas da vida artística e cultural da Rússia, no limiar do século XX: Lev Nikoláievitch Tolstói.

Desde o início das atividades realizadas no Estúdio, a influência de Lev Tolstói sobre Leopold Sulerjítski funcionou como uma unidade temática fundamental para o que foi ali desenvolvido. No diálogo que estabeleceram, Leopold Sulerjítski não apenas divulgava as obras e tratados de arte de Lev Tolstói entre seus alunos, como também se valia de elementos-chave do tolstoísmo[68], como forma de educar seus pupilos para a vida, no amor e na bondade.

67 Sulerjítski, Arquivo do TAM.

68 Movimento ético e religioso surgido na Rússia durante a década de 1880, mais tarde mundialmente conhecido sob o nome de tolstoísmo. Alguns de seus traços centrais, ▸

A significação de Lev Tolstói para o teatro como um todo era imensa e Constantin Stanislávski reforça isso ao escrever, em *Minha Vida na Arte*, que ser contemporâneo de Tolstói era algo que elevava o espírito e dava mais vontade de viver e seguir adiante. E isso não foi diferente no que se refere ao Primeiro Estúdio[69].

Aquilo que Lev Tolstói trazia à tona em diversos de seus escritos e obras literárias – como quando diz que "o ser humano deve conter suas paixões e cultivar dentro de si o amor; que o meio prático de alcançar isso é fazer aos outros aquilo que queremos que façam a nós"[70], ou quando termina seu conto "Três Perguntas", de 1903, dizendo que o mais importante é fazermos o bem aos outros, "porque somente para isso foi dada a vida ao homem"[71] – está explicitado nas anotações de Sulerjítski citadas no início deste tópico, estando as últimas profundamente marcadas pelo pensamento tolstoísta.

Desde a juventude, Lev Tolstói criava uma série de regras para si, as quais ele desejava seguir rigorosamente. Em seus diários situados em 1847, por exemplo, já nos deparamos com esse tipo de busca incessante pelo próprio aperfeiçoamento e um rigor absoluto para consigo mesmo. Trechos como "Não é suficiente afastar as pessoas do mal. É ainda necessário estimulá-las para o bem", "Uma mudança no modo de vida deve acontecer. Mas é necessário que essa mudança

▹utilizados também como paradigmas no trabalho do Estúdio, são: certa atitude negativa em relação às classes superiores e à realidade capitalista, a afirmação da ressurreição moral do homem, o pacifismo e a crença nas forças do amor e da irmandade.

69 "Quando ele era vivo, nós dizíamos: 'Que felicidade viver no mesmo tempo em que vive Tolstói!' E quando nos sentíamos mal de espírito e na vida e os homens pareciam feras, nós nos consolávamos com a ideia de que lá, em Iasnaia Poliana, vivia ele, Tolstói! E novamente queríamos viver" (C. Stanislávski, op. cit., p. 190).

70 O Que É Religião e em Que Consiste Sua Essência, em L. Tolstói, *Os Últimos Dias*, p. 203.

71 O conto, presente na coletânea *Os Últimos Dias*, relata a busca de um tsar pela resposta para três questões que o perturbavam: "como saber a hora certa de cada coisa, como saber quais são as pessoas mais necessárias e como não se enganar ao julgar, entre todas as coisas, qual a mais importante"(p. 246). Após diversas tentativas de responder às questões, o tsar se encontra com um eremita que, em pouco tempo, é capaz de lhe provar que: "a hora mais importante é agora, e ela é a mais importante porque nela somos senhores de nós mesmos; o homem mais importante é aquele com quem estamos agora, porque ninguém sabe se ele ainda estará com outra pessoa; e a coisa mais importante é fazer-lhe o bem, porque somente para isso foi dada a vida ao homem" (p. 250).

não seja obra de circunstâncias exteriores, antes obra da alma" ou "O objetivo da vida do homem é contribuir, de todas as maneiras possíveis, para o desenvolvimento multilateral de tudo o que existe"[72] exemplificam claramente sua percepção de noções como dever, responsabilidade e busca pela perfeição.

O desejo pelo aprimoramento pessoal persegue Lev Tolstói durante toda a vida, até que, em sua última fase, quando o escritor se preocupa cada vez mais com o sofrimento do povo e passa a idealizar para si uma vida absolutamente despojada de riquezas, escreve um programa completo de objetivos em um de seus diários[73]. De acordo com esse novo ideal de vida:

> Para nós (riscado: deixar), isto é, eu, minha esposa e nossos filhos menores de idade, deixar, por enquanto, a renda de 2 a 3 mil rublos. Deixar por algum tempo, mas com a vontade de doá-la aos outros e se contentar com pouco, isto é, limitar, na medida do possível, as nossas necessidades e dar mais do que receber, fazer todos os esforços possíveis para isso e ver nisso o objetivo e a felicidade da vida. [...] Educar os menores de tal maneira que eles se acostumem a exigir o mínimo da vida. Ensinar a eles aquilo que têm vontade de aprender. E não somente as ciências, mas as ciências e o labor. [...] Aos domingos, fazer almoços para mendigos e pobres, leituras e conversas. A vida cotidiana, a comida, a roupa (riscado: artes, ciências e outras deste tipo) – as mais simples (riscado: e acessíveis). Tudo o que é demais: (riscado: vender) o piano, a mobília, as carruagens – vender ou doar. Somente se ocupar com tais ciências e artes que possam servir aos outros. O tratamento deve ser igual para com todos, do governo ao mendigo. O único objetivo é a felicidade de cada um e da

72 L. Tolstói apud N.C.Q. Erasso, *Os Diários de Juventude de Lev Tolstói*, p. 32-33.

73 O programa de vida escrito por Lev Tolstói encontra-se já traduzido para o português e consta atualmente na obra de Pável Bassínski, *Tolstói: A Fuga do Paraíso*.

família, sabendo que a felicidade consiste em se contentar com pouco e fazer o bem aos outros.[74]

Os ideais de bondade, igualdade, justiça e aperfeiçoamento moral expressos neste trecho de diário são também ideais que marcam profundamente a vida de Leopold Sulerjítski e podem ser encontrados no decorrer de todo o seu trabalho com os alunos do Estúdio.

Menos de um ano depois da inauguração daquele espaço, a forte influência de Lev Tolstói via Sulerjítski já se fazia presente na escolha do repertório trabalhado pelos alunos. Sobretudo em obras como *O Naufrágio do Esperança*[75] – que será tratada no terceiro capítulo desta publicação –, *A Festa da Paz* (1890)[76], *O Grilo na Lareira* (1845)[77] e *O Dilúvio*[78], sendo as últimas três peças ligadas por temas como a reconciliação, o perdão e o triunfo do bem.

É evidente que a proposta de criação do Estúdio não incluía a montagem de espetáculos. Desde o início, o que Leopold Sulerjítski fundamentalmente desejava neste espaço era auxiliar a individualidade do ator a enxergar a beleza que está por trás da criação de uma nova personagem, estando esse seu desejo em total conformidade com o altruísmo e a visão que Sulerjítski tinha do teatro como um meio poderoso de aproximar os homens. Slonim, ao tratar do papel fundamental de Leopold Sulerjítski no Teatro de Arte de Moscou, diz: "Idealista de elevados objetivos estéticos e morais, buscava a verdade e a inspiração artística na comunhão com a natureza, a simplicidade na vida e o amor ativo. Tolstói dizia que Sulerjítski tinha o gênio de afeto altruísta. Via no teatro um meio poderoso de aproximar as pessoas e de provocar nelas emoções sinceras."[79] Era

74 Esse ideal era algo impossível de se realizar, em especial pela falta de apoio dos familiares. L. Tolstói apud P. Bassínski, *Tolstói: A Fuga do Paraíso*, p. 233.

75 Peça do escritor holandês Herman Heijermans (1864-1924).

76 Título também traduzido por *A Reconciliação*.

77 Peça baseada no conto "The Cricket on the Hearth", de Charles Dickens (1812-1870).

78 Peça do escritor sueco Henning Berger (1872-1924).

79 "Idealista de elevados objetivos estéticos y morales, buscaba la verdade y la inspiración artística en la comunión con la naturaleza, la sencillez en la vida y el amor activo. Tolstói ▸

o ofício pedagógico, e não a atividade de encenador, o que mais o atraía para esse espaço, já que "Sulerjítski queria alcançar a fonte da atividade criadora, queria encontrar o germe da ingênua atividade criadora"[80].

Mas, apesar de o Primeiro Estúdio não ter como objetivo central a encenação resultante de um processo, essa hipótese não estava de todo excluída. De forma que, em 1915, Sulerjítski já escreve sobre a seleção do repertório e a direção das peças e suas regras em seu caderno de anotações[81]. Em suas palavras:

> Considera-se diretor do Estúdio cada um daqueles que conduziram sua peça até o ensaio geral, ainda que a peça não vá a público. [...] Cada diretor tem o direito de pegar a peça que desejar e distribuir os papéis conforme sua vontade. A assembleia deve saber quem é, que peça escolheu e que intérpretes designou, mas sem direito à alteração ou proibição (nem aos papéis). A informação ao R.S.[82] é indispensável por dois objetivos: a. debater com os companheiros na reunião e defender, com um ponto de vista artístico, diante deles, a razão de sua escolha; isso é indispensável a todos, no sentido de adquirirem experiência na habilidade de distribuição dos papéis. Mas, se quem estiver apresentando sua peça não trocar nenhum intérprete, nem mesmo após a deliberação, isso entrará em vigor e não poderá ser trocado por ninguém, exceto por K.S.; e b. Essa informação é indispensável para os objetivos

▷ dijo que Sulerzhitski tenia el gênio del afecto altruísta. Veia en el teatro um médio poderoso de acercar la gente y de provocar en ellos emociones sinceras" (M. Slonim, El Teatro Ruso del Império a los Soviets, p. 129).

80 P. Márkov, Pervaia Stúdia MXT (Sulerjítski, Vakhtângov, Tchékhov), *O Teatre, v 4 tomakh*, v. 1, p. 358.

81 Trata-se do mesmo caderno citado anteriormente. Esse caderno compreende diversos aspectos do Estúdio, divididos em seções específicas. A seção da qual foram retirados os trechos a seguir traduzidos tem por título Reunião da Direção: Tipos de Espetáculos. (*Rejissiorskoe Sobranie/Tipi Spektakei*; arquivo do TAM.)

82 No original, P e C (que, apesar da forma, são as letras R e S do alfabeto cirílico); aparentemente, refere-se a ele próprio, diretor Sulerjítski, que, em russo, lê-se *rejissiour Sulerjítski*.

organizacionais. A reunião da d[ireção] deve verificar se é possível a dado intérprete combinar tal papel com os já pegos por ele anteriormente. O R.S. deve ceder a essa apresentação o horário e o local entre os trabalhos do Estúdio, tanto para os ensaios quanto para o espetáculo, assim que estiver pronto. Quando os papéis estiverem distribuídos e o lugar e a hora forem encontrados, o presidente R.S. leva isso ao conhecimento de K.S. Quando K.S. assinar os papéis, dá-se início ao trabalho com a peça.

As regras estabelecidas no Estúdio permitiam claramente que os próprios alunos trouxessem sugestões para a realização das encenações. Leopold Sulerjítski, portanto, jamais impôs uma peça de sua escolha para ser encenada ali. Mas se isso, por um lado, exclui a possibilidade de o diretor ter incutido a ética tolstoísta mediante escolhas pessoais no que se refere ao repertório, por outro, evidencia simultaneamente o quanto estavam todos atentos aos ensinamentos diários de Leopold Sulerjítski, já que, por vontade própria, levavam ao Estúdio peças baseadas via de regra no bem, no amor, na reconciliação e naquilo que de melhor o homem traz dentro de si.

Talvez o melhor exemplo disso seja a peça *O Grilo na Lareira*, criada a partir do conto homônimo de Charles Dickens. A ideia desta montagem surgiu para os alunos do Estúdio numa época em que, além de eles desejarem se aventurar por peças que até então desconheciam, o teatro russo vinha descobrindo novas possibilidades na adaptação da prosa, já que, em contos, romances e novelas, frequentemente o narrador passa a palavra às suas personagens.

A narrativa de Dickens gira em torno da trajetória de duas personagens centrais: a senhora Peerybingle, apaixonada pelo marido e pela vida simples que levam juntos, e o senhor Tackleton, comerciante de brinquedos, rico e infeliz. Enquanto a primeira é uma mulher alegre, dona de um bom coração e se enche de alegria quando ouve o grilo cantar na lareira de sua casa, o comerciante Tackleton odeia o som dos grilos, costuma matá-los, e, em geral, é repudiado por todos os que o cercam – à exceção da jovem cega Berta, que, por intermédio das mentiras contadas por seu pai Caleb, acredita ser ele um homem belo e bom.

Neste conto, temos acesso à seguinte descrição da personagem:

> Tackleton, o comerciante de brinquedos, em geral conhecido por Gruff e Tackleton – porque esse era o nome da empresa, ainda que Gruff tivesse sido adquirida há muito tempo, deixando apenas o seu nome e, como alguns diziam, de acordo com o significado do dicionário, a sua natureza nos negócios. Tackleton, o comerciante de brinquedos, era um homem cuja vocação tinha sido mal interpretada por seus pais e tutores. Se tivessem feito dele um usurário, um advogado afiado, um oficial de polícia ou um corretor da bolsa de valores, ele poderia ter desafogado suas más inclinações durante a juventude e depois ter tido o pleno controle de si nas transações de má índole, tornando-se, afinal, amável, por causa de um pouco de frescor e novidade. Mas, confinado e irritado na busca pacífica da fabricação de brinquedos, ele era um ogro doméstico que tinha vivido das crianças toda a sua vida e era o seu implacável inimigo. Ele desprezava todos os brinquedos, não teria comprado um só para esse mundo; fascinado, em sua malícia, em colocar expressões sombrias nos rostos de papelão dos fazendeiros que levavam os porcos para o mercado, dos pregadores que anunciavam os advogados inconscientes, das mulheres mecânicas que cerziam meias ou cortavam tortas, e outras amostras do seu estoque para venda. Sua alma se revelava perfeitamente em máscaras terríveis, em caixinhas de surpresa com horríveis bonecos cabeludos de olhos vermelhos, em pipas vampirescas e em *tumblers*[83] demoníacos que não se deitavam quietos e iam eternamente adiante para encarar assustadoramente as criancinhas. Eram seu único

83 *Tumbler*: brinquedo feito com uma base pesada e redonda e que por isso balança e se movimenta.

> alívio e válvula de escape. Ele era grande em tais invenções. Qualquer coisa que sugerisse um pequeno pesadelo era deliciosa para ele.[84]

Esse homem, descrito mais adiante também como sarcástico e antipático, deseja se redimir no fim do conto. Na esteira da personagem central da conhecida obra de Dickens, *Um Conto de Natal*, o senhor Tackleton percebe seus principais erros e pede perdão tanto para a senhora Peerybingle, por tentar colocar seu marido contra ela, acusando-a de adúltera, quanto a todos os outros, por suas atitudes em geral:

> "Sra. Peerybingle!", disse o comerciante de brinquedos, "eu sinto muito. Sinto mais agora do que sentia esta manhã. Tive tempo para pensar nisso. John Peerybingle! Estou muito amargurado, mas não consigo deixar de ser mais ou menos doce ao me encontrar cara a cara com um homem como você. Caleb! Essa pequena enfermeira inconsciente me deu uma dica na noite passada que me fez encontrar o caminho. Fico envergonhado ao pensar em quão facilmente eu poderia ter me unido a você e sua filha e que idiota miserável eu fui quando tomei-a [a sra. Peerybingle] por uma [vadia]. Amigos, todos, minha casa está muito solitária esta noite. Eu não tenho nem mesmo um grilo em minha lareira. Espantei-os todos. Tenham piedade de mim. Deixem-me participar desta festa feliz!"[85]

Esse conto, com uma grande quantidade de diálogos e fortes evidências da capacidade de redenção do ser humano, foi adaptado para a montagem teatral por Boris Sushkevitch e levado para o Estúdio, em 1914, quando começou a ser dirigido conjuntamente por ele e Richard Boleslávski[86].

84 C. Dickens, *The Cricket on the Hearth*, p. 24-25.
85 Ibidem, p. 91-92.
86 Richard Boleslávski será um dos grandes divulgadores das ideias de Stanislávski nos Estados Unidos, futuramente.

Quando começam a trabalhar com essa peça, Leopold Sulerjítski dá aos atores importantes lições, lembradas mais tarde por Evguêni Vakhtângov:

> Nós conhecemos bem o seu sorriso, não precisamos ver para senti-lo.
>
> Aí está você numa conversa sobre o "Grilo".
>
> Seu lápis corre apressadamente sobre um pedacinho de papel, faz sinais involuntários e os risca.
>
> Eis que você largou o lápis e bateu com ele na mesa.
>
> Isso quer dizer que você se resolveu por algo. Atentamente, absorvido em seus pensamentos, outra vez tomou o lápis, fez um gesto qualquer de chamamento e nos disse: "Não sei, talvez precisemos de uma aproximação particular com o 'Grilo', talvez precisemos começar os ensaios não como sempre fizemos, talvez o melhor seja irmos agora para o Monastério da Paixão, ficarmos lá em silêncio, voltarmos, acendermos a lareira, comermos ao seu redor todos juntos e lermos o Evangelho ao lado de uma vela."
>
> Você nos dizia: "Cheguem até o coração de Dickens, abram-no e então o coração do espectador se abrirá para vocês. Apenas em prol desse objetivo é que se mantém e deve ser encenado o 'Grilo'. A vida das pessoas é difícil, é preciso levar-lhes uma alegria pura."
>
> "Quando vocês pegarem uma peça para encenar, perguntem a si para que vão encená-la."
>
> Por acaso é possível esquecer esse seu preceito, enquanto o Estúdio existir?[87]

Quando Constantin Stanislávski assistiu à encenação pronta, com toda a sua delicadeza e simplicidade, sentiu que havia nisso um grande trabalho por parte de Leopold Sulerjítski. Percebeu que

87 E. Vakhtângov apud L.A. Sulerjítski, *Povesti i Rasskazi*, p. 554-555.

o querido Súler entregara ali todo o seu coração, incluindo na peça muitos sentimentos elevados, força espiritual e um bom vocabulário, de forma a alimentar os atores com belos sonhos e tornar o espetáculo íntimo e comovente.

A peça, apresentada em 24 de novembro de 1914 – justamente a época em que começava a estourar a Primeira Guerra Mundial –, não apenas foi extremamente bem acolhida por seu público como também foi ela mesma acolhedora em certo sentido. Foi capaz de, durante sua realização, fazer com que os espectadores se esquecessem da tristeza e da falta de paz que havia lá fora.

Ao tratar de alguns aspectos relevantes daquele espetáculo, na monografia intitulada "O Grilo na Lareira", Nikolai Efros, um dos críticos teatrais mais destacados daquela época, nota que durante o espetáculo a ideia do *homo homini lupus est logo* foi substituída por um ideal de irmandade. A confusão, o desalento e as cinzentas preocupações do dia a dia foram deixadas de lado pelos cerca de 150 espectadores que assistiam à encenação, ocorrida pela primeira vez. Por mais que a plateia houvesse entrado tensa no Estúdio,

> teve início um milagre a partir do instante em que a negra escuridão foi abarcada por alguns sons musicais ingenuamente simples e um foguinho surgiu em meio à escuridão, num canto à direita, revelando uma figura confusa, como que trêmula, não querendo tomar forma definida. Com um cochicho rouco e suave, alguém da escuridão, pondo as mãos no quadril com raiva e ar de quem está ofendido pela chaleira que entrou em ebulição, pôs-se a falar sobre o grilo na lareira e sua bela canção, sobre o cocheiro John Peerybingle, que agora mesmo transportava uma encomenda pela nevasca e que tanto amava sua esposa e a "criancinha", e sobre a própria "criancinha". O murmúrio é suavemente difundido. E com estes cochichos, estes sons, os ruídos, as promessas e as recordações, começou a surgir – através da couraça que os estados de ânimo e as inquietações forjavam ao seu redor em dias de guerra – um

> enorme fascínio na alma. Deixou de existir certo gelo que havia no coração[88].

Eis que o objetivo de Leopold Sulerjítski de aquecer os corações de seus espectadores se encontrava, neste instante, atingido. Realizava-se, ao menos por alguns momentos naquela pequena, íntima e acolhedora sala, o seu sonho de fazer da arte um instrumento de comunhão entre os homens, trazer bons exemplos aos espectadores, preencher com bons sentimentos os corações alheios e, assim, ressuscitar no homem as virtudes há muito adormecidas – pois ele realmente acreditava que o mundo poderia ser modificado por meio de bons exemplos e do altruísmo[89].

Como resultado da bela apresentação que fizeram, a repercussão da crítica teatral foi também extremamente positiva, gerando uma série de publicações a seu favor nos jornais da época. No jornal *Rússkie Védomosti*, publicado em 23 de dezembro de 1916, e conservado atualmente na filial da Biblioteca Lênin, o crítico N.A. Kabánov faz uma homenagem a Leopold Sulerjítski, falecido há poucos dias:

> não por acaso, no Estúdio do Teatro de Arte, sua última obra, uma das primeiras encenações foi o dickensiano *O Grilo na Lareira*, e não por acaso inclusive, não muito antes de falecer, ele sonhava com a encenação de "Os Sinos" de Dickens. Pois ele colocou tanto entusiasmo e amor, tanto trabalho na encenação de *O Grilo* que a sua encenação teve igualmente um aparecimento tão extraordinariamente iluminado que ficou entre as encenações dos últimos anos em muitos diferentes teatros, e, desta maneira, a humanidade e a sinceridade profundas de Dickens se harmonizaram maravilhosamente com as disposições de espírito de L.A. Sulerjítski, com a sua humanidade e sinceridade, com as suas observações sobre a tarefa essencial do teatro[90].

88 N. Efros, *Svertchok na Petchi*, p. 7.
89 A.M. Ripellino, *O Truque e a Alma*, p. 198.
90 Jornal conservado atualmente na filial da Biblioteca Lênin, de Moscou, n. 296. Também conservado na filial da Biblioteca Lênin, n. I4825, p. 6.

Se, neste artigo, o nome de Sulerjítski aparece como ponto bastante relevante para a montagem de *O Grilo na Lareira*, não era esse o hábito dos jornais daquela época, os quais enfocavam muito mais aspectos do cenário, do figurino e, sobretudo, a atuação dos artistas do que fazer jus ao papel desempenhado por Sulerjítski no Estúdio.

Em artigo publicado no *Bírjivie Védomosti*, em 5 de maio de 1915, e igualmente conservado pela filial da Biblioteca Lênin, diz-se que:

> Há muito tempo não se via no teatro tal união, sinceridade e aplausos como ontem na estreia do jovem Teatro de Arte. Há muito não se sentia essa cordialidade suave e afetuosa e a amistosa simplicidade que se reuniram no espetáculo [...] Muito obrigado, diretores do Estúdio, por recordar [...] o conto natalino de Dickens e encarná-lo em belas imagens cênicas.

O nome de Leopold Sulerjítski, que já não era mencionado nos cartazes de suas montagens realizadas no Estúdio, sofre do mesmo mal nesse artigo, em que não é mencionado sequer uma vez.

O fato de seu nome não estar nos cartazes do Estúdio é algo que não apresenta uma razão concreta, mas é mencionado por Leopold Sulerjítski em seu caderno de anotações quando ele trata das características das peças desenvolvidas pelo Estúdio: "Os cartazes desta peça são assinados por todos os diretores que tomaram parte no trabalho, exceto pelo presidente R.S: eu. (O pres. R.S., o dir. princip., o admin. do Estúdio jamais é colocado no cartaz.)" Uma menção que – pode-se dizer – possui até certa ambiguidade: ao mesmo tempo que a ausência do nome de Sulerjítski aparenta ser uma espécie de norma do Estúdio, tal anotação vem carregada de dada melancolia, talvez com um quê de lamentação pela falta de seu nome.

Com o tempo, pelo fato de seu nome não estar nos cartazes e, sobretudo, por ser Leopold Sulerjítski considerado por muitos um tolstoísta fervoroso, ocorre com ele uma espécie de apagamento na história do teatro russo. Ou as obras escritas durante o período soviético não se referem a ele ou trazem-no à tona sob uma visão bastante negativa e deturpada, já que, nesta época, qualquer nome ligado ao tolstoísmo era visto como prejudicial ao governo.

Ao tratar deste assunto e da relação do espetáculo *O Grilo na Lareira* com o tolstoísmo, Poliákova aponta que, embora a peça não tenha se reduzido ao ensinamento tolstoísta, tal ensinamento nela foi central e germinou como uma espiga carregada de grãos cresce a partir de seu núcleo. Por essa razão, logo o espetáculo foi rotulado de tolstoísta e esse fator, num século em que o tolstoísmo passou a ser malvisto[91], fez com que *O Grilo* ficasse de certa forma esquecido e solitário em sua lareira.

Se, por um lado, a influência exercida por Lev Tolstói foi uma das responsáveis pelo apagamento do nome de Leopold Sulerjítski ao longo de mais de cinquenta anos, por outro, foi em grande medida graças a ela que o Primeiro Estúdio floresceu, deu bons frutos e é lembrado até hoje como um espaço digno de nota na história mundial do teatro.

O pensamento de Lev Tolstói não só esteve presente por trás da escolha das peças, e da busca pelo aperfeiçoamento moral dos artistas, como em tudo o que dizia respeito à simplicidade das encenações e à necessidade de trabalho enérgico e grande esforço na concretização dos espetáculos.

Paralelamente a Lev Tolstói, que buscava utilizar uma linguagem simples e clara em suas obras[92], Leopold Sulerjítski procurava

91 E.I. Poliákova, *Teatr Sulerjítskovo*, p. 205-206: "O 'tolstoísmo' do final dos anos de 1920 até os anos de 1980 era como que um ponto de questionário que seria preferível não preencher. 'Não fazia parte de nenhum partido, mas era seguidor do ensinamento de L. Tolstói...' A coluna do questionário que se refere ao nome do conde Tolstói não é menos perigosa do que o ato de reconhecer-se como revolucionário numa época em que a palavra de ordem da sociedade se tornou o pronunciamento de Górki: 'Se o inimigo não se rende...' No teatro, a palavra 'tolstoísmo' é uma reprimenda, uma falta que deve ser superada. [...] Com o tempo, o rótulo grudou com tamanha força no espetáculo [*O Grilo*] que a sua ausência na resposta do estudante no exame, na exposição de um museu, num resumo de dissertação era obrigatoriamente observada."

92 Em um relato sobre a importância de Lev Tolstói para o Teatro de Arte, Nemiróvitch-Dântchenko já se refere a essa característica do escritor: "Tolstói era simples, profundamente verdadeiro, o extraordinário mestre das descrições e tão próximo, parecia que um pouco de esforço bastaria para escrevermos como Tolstói. O tempo todo, durante a leitura de suas obras, pulsava um pensamento: 'Ah, como isso é magnífico e ao mesmo tempo simples. Eu também penso exatamente assim. Por que na minha cabeça não vieram essas imagens, ▶

atingir algo idêntico no que se refere ao cenário das encenações apresentadas pelo Estúdio.

Para cada uma das apresentações eram os próprios alunos que faziam os cenários. Mikhail Tchékhov[93] conta em suas memórias como, certa vez, ele e Sulerjítski, após um longo dia de ensaio, passaram a noite colando e pintando os bonecos que utilizariam como os brinquedos do senhor Tackleton em *O Grilo na Lareira*. Ao falar do cenário de *A Festa da Paz* em seu relato, a atriz Sófia Guiatsíntova[94] explica como tudo era simples, e como a cortina de pano, os artigos de mobília mais necessários e os pormenores casualmente escondidos criavam uma sensação de fidelidade aos costumes da época.

Sobre esse assunto, Rudnítski diz que:

> A pobreza dos cenários contrastava nitidamente com a decoração dos espetáculos do TAM de então; o Primeiro Estúdio não tinha relações com pintores ilustres, e seus artistas (I.I. Gremislávski, M.V. Libakov, P.G. Uzunov) eram historiadores desconhecidos das artes plásticas. Com a ajuda desses artistas modestos, criava-se um esboço do sistema com sinais distintivos pouco numerosos, suficientes para que surgissem a "impressão do quarto" ou a "impressão do bar", ou a "impressão da oficina."[95]

Todos os espetáculos do Primeiro Estúdio apresentaram exclusivamente "impressões" de interiores. As encenações eram realizadas em salas, num ambiente de encantadora intimidade, onde atores e espectadores já não estavam mais separados pela balaustrada, nem pela ribalta. Essa proximidade agia sobre o espectador de tal forma que este tinha a impressão de estar no mesmo cômodo das

▷ essas situações, essas cores precisas, essas palavras claras e simples?... Que coragem de ser tão simples!'" (V.I. Nemiróvitch-Dântchenko, *Obras de Tolstói no Teatro de Arte*, p. 191).

93 M. Tchékhov apud L.A. Sulerjítski, *Povesti i Rasskazi*, p. 608.

94 Sófia Guiatsíntova apud E. Vakhtângov, *Dokumenti i Svidetelstva: v 2*, p. 364.

95 K. Rudnítski, op. cit., p. 182.

personagens e de apenas por acaso estar assistindo ao desenrolar de toda uma encenação. Com isso, a "quarta parede" deixava de ter o caráter sagrado que possuía nos espetáculos do TAM. O fato de o ator poder chegar bem próximo da primeira fileira fazia com que a linha convencional da "quarta parede" fosse rompida e surgisse a possibilidade de relações com a plateia[96].

Ao longo do tempo em que esteve no Estúdio, Leopold Sulerjítski aliou essa simplicidade ao trabalho enérgico que menciona em seu caderno de anotações, citado no início deste tópico.

Sulerjítski compreendia o trabalho como algo absolutamente necessário para o desenvolvimento do ser humano e da união entre os homens, uma questão a que Lev Tolstói também faz referência em seu conto "O Trabalho, a Morte e a Doença (Uma Lenda)", de 1903. Trata-se de uma lenda existente entre os índios da América do Sul, segundo a qual Deus teria criado os homens inicialmente dando a eles uma vida ociosa, sem a necessidade de trabalho, casa, roupa ou comida. Com o tempo, ao observar que, em decorrência de sua ociosidade, cada qual pensava apenas em si, "Deus fez com que ao homem fosse impossível viver sem trabalho. E para que não padecessem de frio e de fome, tiveram de tecer roupas, arar a terra, semear e colher frutas e grãos"[97]. Mas a criação do trabalho, em vez de unir os homens, como era a intenção de Deus, fez com que estes se distanciassem, criassem grupos e tentassem atrapalhar e tirar os trabalhos uns dos outros. O mesmo ocorreu com as demais criações de Deus (as doenças e a falta de consciência sobre a hora final), com as quais Ele esperava juntar a humanidade, mas que,

96 "A 'quarta parede', obrigatória para os primeiros espetáculos do TAM, aqui não possuía a integridade e a indecifrabilidade sagradas. Como já foi dito, o ator podia chegar bem junto do espectador da primeira fileira. A linha convencional da quarta parede neste instante rompia. Surgia de imediato a possibilidade de relações com a plateia: não os jogos com ar desafiador de coragem à beira do proscênio, não as convenções especialmente sublinhadas, as quais Meierhold tanto amava e que traziam consigo a sensação de agudeza do teatro, mas, ao contrário, o mais discreto e sincero desabafo de suas recônditas vivências para a plateia, publicamente" (Ibidem).

97 L. Tolstói, *Os Últimos Dias*, p. 243.

sem querer, continuava a afastá-la. Foi quando Deus tomou uma decisão, dizendo a Si mesmo:

> se nem assim é possível fazer os homens compreenderem em que consiste sua felicidade, eles que se arranjem com os próprios sofrimentos. E Deus abandonou os homens.
>
> Sozinhos, os homens viveram muito tempo sem entender o que podiam e deviam fazer para serem felizes. Apenas nos últimos tempos alguns homens começaram a entender que o trabalho não deve ser um temor para alguns, nem um castigo para outros, ao contrário, deve ser comunitário, agradável e unir os homens[98].

Por acreditar na importância do trabalho e da persistência é que Leopold Sulerjítski era incansável no que se refere ao Estúdio. Por mais de uma vez, seus alunos relatam casos em que Sulerjítski se voltava ao trabalho a ponto de esquecer todo o resto ao seu redor. A atriz Serafima conta como, certa vez, na escola de Adáchev, os atores ensaiavam quando teve início um incêndio ali perto. Apesar de olhar pela janela e se dar conta disso, Leopold Sulerjítski imediatamente se voltou aos atores, dizendo: "Bem, vamos ensaiar mais uma vez este pedacinho." E os alunos voltaram a ensaiar, agora não apenas sob a iluminação elétrica da sala como também sob a luz provocada pelo clarão do incêndio, cada vez mais forte. E sem que se dessem conta do horário, a noite chegou. E eles todos ainda ensaiavam ali[99].

A dedicação total ao Estúdio – bem como o trabalho incessante em busca dos objetivos propostos – fez com que, por mais de uma vez, Stanislávski repreendesse Sulerjítski, pedindo que ele não se desgastasse tanto, que não carregasse todo um fardo para si. Olga Sulerjítskaia conta como, um dia, estando diante de uma carta de Stanislávski com um pedido como este, Sulerjítski sofria, ao mesmo tempo que dizia a

98 Ibidem, p. 245.
99 Cf. S. Bírman, *Sudboi Darovanie Vstretchi*, p. 42.

ela: "Ele escreve para eu não trabalhar muito... Mas como eu posso não trabalhar assim, se me resta tão pouco tempo de vida."[100]

Leopold Sulerjítski se foi para sempre, deixando inúmeras anotações em cada um dos cerca de cinquenta livros que compunham sua biblioteca. Anotações que são comentadas por Vakhtângov, em suas recordações: "E por toda parte, mesmo nas menores linhas, você apela para a misericórdia, para o amor, para a sensibilidade e as boas relações. Cada frase ou anotação sua era guiada pelo coração."[101]

Como a anotação que se segue, que, além de possuir as características apontadas por Vakhtângov, evidencia o impulso para o trabalho de que acabamos de falar: "Se todas as paredes, se todo o Estúdio estiver impregnado pelo trabalho utilizado para o seu aperfeiçoamento, vocês verão como ele terá valor e será estimado por todos e como cada um se sentirá ofendido com qualquer comportamento negligente e superficial."[102]

E Que a Arte Voe Rumo ao Infinito!

Uma Pequena Liberdade

Sim. Era necessário trabalhar.

Mas quem foi que falou em fazê-lo individualmente?

Como se o Estúdio fosse um barco, não havia sentido no trabalho solitário de um homem. Era preciso que todos rumassem na mesma direção, que desejassem o mesmo destino e estivessem preparados para enfrentar juntos as tempestades com que o barco da arte se depara, às vezes, em meio ao oceano.

100 L.A. Sulerjítski, *Povesti i Rasskazi*, p. 545.
101 Estas anotações foram encontradas nos livros da pequena biblioteca de Leopold Sulerjítski, após a sua morte. Cf. E. Vakhtângov apud L.A. Sulerjítski, *Povesti i Rasskazi*, p. 556.
102 L.A. Sulerjítski, apud E. Vakhtângov, op. cit., p. 556.

Leopold Sulerjítski foi marinheiro. Um homem apaixonado pelo mar, desde a primeira vez que entrou em contato com suas águas. Ele sabia claramente que qualquer viagem traz consigo o desejo de chegada a um ponto final. Mas, ao se aventurar pela arte, compreendeu não ser suficiente escolher uma boa ilha na qual aportar. Era preciso, mais do que isso, que a viagem fosse boa, alegre. E que os homens que faziam parte do barco se respeitassem mutuamente.

Se é possível, aqui, tomarmos a liberdade de comparar sua vida artística a uma viagem de barco, então dividamos essa comparação em dois aspectos que se complementam simultaneamente: enquanto o ponto de chegada era para ele a realização da comunhão entre os homens (sua visão estética), a maneira de portar-se dos companheiros de viagem (a ética) era o que levaria o barco adiante em seu objetivo, impedindo-o de afundar em meio ao mar.

Da Relação Entre Ética e Estética Dentro do Estúdio

O significado da palavra "estética", tal qual a conhecemos hoje, foi definida pelo filósofo alemão Alexander Gottlieb Baumgarten, com a publicação de sua obra *Aesthetica* (1750), introduzindo pela primeira vez o termo "estética", que trata do conhecimento sensorial para a apreensão do belo e que se expressa nas imagens da arte. Embora, muito antes, importantes pensadores como Platão, Aristóteles, Plotino, Santo Agostinho e São Tomás de Aquino já houvessem discutido temas referentes a essa disciplina filosófica[103], é apenas com

103 Em *Chaves da Estética*, Étienne Souriau (p. 1-11) discute as ideias centrais de cada um destes pensadores, algumas das quais merecem ser aqui sucintamente mencionadas. De acordo com o autor, em algumas de suas obras, Platão fala, por exemplo, sobre temas como o Belo, o Bem e o Verdadeiro, que se encontram interligados hierarquicamente, sendo possível chegar ao Bem por meio da contemplação estética. Aristóteles trata da arte como instrumento socialmente benéfico, pois purifica, enobrece e harmoniza as paixões. Plotino fala a respeito do artista como alguém que representa as Ideias e, de forma alguma, como um imitador dos aspectos sensíveis do mundo. Para Santo Agostinho, é possível ►

Baumgarten que a estética é oficialmente batizada, passando a conquistar o moderno sentido de "relativo ao belo e à arte".

A visão geral que se teve posteriormente segundo a qual a estética seria uma "disciplina, que tem por objeto o belo e suas manifestações"[104], é atualmente considerada ultrapassada. Para o prof. Étienne Souriau, aqueles que enxergam a estética como a ciência do belo não possuem uma competência adequada no assunto. Para ele:

> A menos que se admita, à maneira platônica, um Belo absoluto, objeto de intuição intelectual universal certa, o Belo não é um fato objetivo, positivamente discernível e capaz de dar consistência e solidez ao seu estudo. [...] o Belo não é absolutamente o único epíteto que possa caracterizar esteticamente um objeto. Vimos que, desde o romantismo, o Sublime e o Belo foram considerados categorias estéticas igualmente válidas e concorrentes; desde o romantismo, enumeraram-se muitos outros valores estéticos igualmente consideráveis: trágico, dramático, bonito, gracioso e assim por diante. Desta forma, o Belo, como objeto da estética, apresenta-se fracionado, e por isso se anula.[105]

A eliminação da perspectiva do belo como sendo o único objeto da estética abriu espaço para a definição desta como a ciência geral da arte. A nova teoria encontrou em Lev Tolstói um de seus fundadores e principais defensores. Por meio de sua obra *O Que É Arte?* (1898), ele não apenas repensa o papel e a finalidade da arte como também levanta questões referentes ao conceito existente por trás da palavra "belo".

De acordo com Lev Tolstói[106], quando falamos de um homem, um cavalo, uma casa, uma vista ou um movimento, podemos dizer

▷ aproximarmo-nos de Deus por meio da Beleza. Por fim, São Tomás de Aquino caminha pelo racionalismo estético, revelado em expressões como "a correta razão da coisa a ser feita".

104 M.F. Santos; N.S.N. Galvão, *Convite à Estética*, p. 20.

105 E. Souriau, op. cit., p. 29-30.

106 *O Que É Arte?*, p. 37.

que são belos. No entanto, o mesmo não se aplica quando nos referimos a ações, ao caráter de alguém ou à música, que podem ser bons, mas não belos, já que o belo está diretamente relacionado com aquilo que podemos enxergar. De forma que, conclui Tolstói, o conceito "bom" abrange em si o conceito "belo", sendo que a recíproca não é verdadeira e o conceito "belo" não cobre o conceito "bom". Apesar disso, em todas as línguas europeias nas quais a doutrina da beleza como essência da arte se espalhou, as palavras referentes ao belo (*beau, schon, beautiful, bello*) também passaram a significar "bom-dade" e isso não demorou a adentrar a sociedade russa.

Após tratar detalhadamente das várias definições da palavra "beleza" existentes a partir da publicação da obra de Baumgarten[107], Lev Tolstói percebe o quanto o fato de esse conceito estar na base das definições de arte afetou imensamente seu entendimento.

E conclui que:

> A imprecisão de todas essas definições resulta do fato de que em todas elas, tal como nas definições metafísicas, o objetivo da arte está colocado no prazer que extraímos dela, e não em seu propósito na vida do homem e da humanidade.
>
> Para definir arte com precisão, devemos, antes de tudo, parar de olhar para ela como veículo de prazer e considerá-la uma das condições da vida humana. Ao considerá-la desta forma, não podemos deixar de ver que a arte é um meio de comunhão entre as pessoas.
>
> Cada obra de arte faz com que aquele que a recebe entre em um tipo de comunhão com aquele que a produziu ou está produzindo e com todos aqueles que, simultaneamente ou antes ou depois dele, receberam ou irão receber a mesma impressão artística.[108]

107 Todo o terceiro capítulo de *O Que É Arte?* é dedicado a essa questão.
108 Ibidem, p. 72-73.

Não sem fundamento, Lev Tolstói tornou-se exemplar no sentido de desembaraçar a estética com relação às dificuldades existentes no que se referia à aplicação de seus epítetos[109]. De forma que, graças a ele, a estética passou a ser pensada como ciência universal da arte, carregando consigo, a partir de então, a questão da reflexão. O que talvez tenha levado Étienne Souriau a defini-la, no início de seu livro, como "uma forma do pensamento reflexivo. É a mente humana refletindo sobre a própria atividade, por meio da qual criou todos os templos, todas as estátuas, todas as pinturas, todas as melodias, todas as sinfonias, todos os poemas"[110].

Se Lev Tolstói tinha plena consciência de que o belo por si só não gera senão a satisfação em si mesma, tal tipo de consciência esteve também presente por trás de todo o trabalho artístico que Leopold Sulerjítski realizou. Seguindo os passos de seu mestre, Sulerjítski via na arte o propósito de unir as pessoas, de fazê-las viverem em comunhão umas com as outras, transmitindo sentimentos e vivências. E o teatro, inserido neste contexto, era para ele um caminho, talvez o mais eficaz, para se buscar relações humanas profundas e uma união verdadeira fundada em bases éticas sólidas.

Esse seu conjunto de ideias, norteador das atividades dentro do Primeiro Estúdio, é apontado por Constantin Stanislávski em suas recordações sobre Sulerjítski: "Por que ele amava tanto o Estúdio? Porque realizava um dos fins mais importantes da sua vida: unir os homens, encontrar uma atividade comum, fins comuns, lutar contra a vulgaridade, o ódio e a injustiça, servir ao amor, à nobreza, à beleza e a Deus."[111]

Em seu trabalho, Sulerjítski se esforça pedagogicamente para afastar o teatro da limitação de ser uma mera atividade de entretenimento, livrando-o daquilo que Lev Tolstói critica tão vorazmente em seu livro *O Que É Arte?*, de maneira que boa parte de seu trabalho se concentra em auxiliar os alunos do Estúdio a revelarem a essência

109 Cf. E. Souriau, op. cit., p. 40.
110 Ibidem, p. 1.
111 Vospominania o Sulerjítskom, em L.A. Sulerjítski, *Povesti i Rasskazi*, p. 551.

que carregavam dentro de si, a revelarem o humano, a abrirem seus corações para os espectadores.

Mas tudo isso sem jamais excluir o belo de sua busca.

Em suas recordações sobre Leopold Sulerjítski, disponíveis na coletânea de Poliákova, o artista V.S. Smichliáev evidencia essa situação quando diz que:

> Em cada atividade sobre o sistema, ele [Sulerjítski] falava não apenas sobre a arte independente do ator, mas via no ator um homem vivo. E esse "homem vivo" era o principal objetivo de preocupação. Não um pequeno-burguês autossuficiente, não um diretor fantasticamente humorado, mas corajoso, belo, com um pensamento sensato e razoável, uma simplicidade encantadora, em suma, um homem desenvolvido harmonicamente, eis como deveria ser o ator. E, além disso, esse ator deve falar apenas sobre o belo. Sempre chamar as pessoas para assuntos belos, não dar a elas a possibilidade de mergulhar no lodo da mesquinhez e da mentalidade pequeno-burguesa. A arte do ator é um enorme meio de educação e elevação das pessoas.[112]

Como podemos observar neste trecho, Leopold Sulerjítski buscava encontrar o belo dentro da arte. O que não significa de forma alguma que essa busca excluísse outras questões, como o desejo pela união, pela moral ou pelo bem. Ora, a bem da verdade, o belo e o bem podem até não estar necessariamente interligados – como prova Tolstói em sua obra supracitada –, mas isso não quer dizer também que ambos tenham necessariamente de se contrapor. Prova disso é aquilo que filósofos como Immanuel Kant (1724-1804) ou Friedrich Schiller (1759-1805)[113] – os quais precisamente se encontravam inseridos no romantismo alemão do século XVIII e que

112 E.I. Poliákova apud L.A. Sulerjítski, *Povesti i Rasskazi*, p. 580.

113 Johann Christoph Friedrich von Schiller, mais conhecido como Friedrich Schiller, foi um poeta, filósofo, médico e historiador alemão.

defendiam o belo como o principal objetivo da arte – dizem em dois de seus textos.

Schiller, por exemplo, em "El Estado Estético del Hombre"[114], aborda a importância que a beleza tem na vida do ser humano e diz que "A beleza conduz o homem, que só vive pelos sentidos, ao exercício da forma e do pensamento; a beleza devolve o homem, submerso na tarefa espiritual, à experiência com a matéria e o mundo sensível"[115]. Além disso, de acordo com Schiller, quando nos entregamos ao gozo da verdadeira beleza, entregamo-nos ao mesmo tempo à seriedade e ao divertimento, ao repouso e ao movimento, à condescendência e à reação, ao pensamento absoluto e ao instintivo. Tal completude, a qual conduz ao ilimitado e gera grande liberdade espiritual, faz da atividade estética a mais proveitosa tanto para o conhecimento quanto para a moralidade humana. Enquanto isso, Kant diz, em "A Bela Arte", que existem dois tipos de arte, a bela e a agradável, e que se a agradável tem por finalidade o gozo sem reflexão,

> a arte bela, ao contrário, é um modo de representação que por si só já está de acordo com uma finalidade e que, mesmo sem essa finalidade, fomenta, no entanto, a cultura das faculdades do espírito para a comunicação social.
>
> A comunicabilidade universal de um prazer já traz consigo em seu conceito a condição de que não deve ser um prazer do gozo nascido da mera sensação, mas da reflexão, e assim a arte estética, como a bela arte, é de tal índole que tem por medida o juízo reflexivo, e não a sensação dos sentidos[116].

114 F. Schiller, El Estado Estético del Hombre, em Adolfo Sánchez Vázquez (org.), *Antología: Textos de Estética y Teoria del Arte*. Esse texto de Schiller, presente na coletânea, corresponde a duas cartas (XVIII e XXII) de seu livro *A Educação Estética do Homem*.

115 Ibidem, p. 21.

116 I. Kant apud Adolfo Sánchez Vázquez (org.), *Antología: Textos de Estética y Teoria del Arte*, p. 69.

Se olharmos para a obra monumental do próprio Lev Tolstói, bastará meia página para percebermos que ele criava textos belíssimos, e que, portanto, não poderia condenar a existência da beleza dentro de uma obra de arte. Muito pelo contrário. O que Lev Tolstói repudiava era não a obra de arte bela, mas a obra de arte criada apenas em função do que ficou conhecido como a arte pela arte.

A noção de que a arte teatral deveria ter um resultado belo – e não o belo como resultado – foi aproveitada por Leopold Sulerjítski desde o início de seu trabalho como assistente no Teatro de Arte de Moscou.

Quando Sulerjítski é encarregado de acompanhar a montagem de *O Pássaro Azul*, que deveria ser realizada em Paris com a mesma encenação que havia sido apresentada pelo TAM em Moscou, enfurece-se diante de uma série de problemas que parecem impedir que exista um bom resultado final. Em carta escrita a Stanislávski, em 21 de fevereiro de 1911, ele diz com todas as letras o quanto está farto de tudo:

> Caro Constantin Serguiêievitch,
>
> Se o senhor apenas soubesse o que fazem aqui!
>
> Como tudo isso é miserável. Me atormentaram, me arruinaram de tal forma, que não me lembro quando me senti assim. Nada foi feito.
>
> As coisas que lhes encomendei ainda em dezembro só hoje é que foram encomendadas por eles (como os figurinos das estrelas); o espetáculo é dia 26 e ainda não ensaiaram aqui, das roupas eu ainda não vi sinal, os cenários da Noite foram refeitos (escreveram Pano de fundo) e por isso os fantasmas não estão passando; a corrente elétrica está fraca, não há disciplina, ninguém escuta nada, as encomendas não estão se cumprindo, todos mentem, enganam e tudo por causa de economia. Os atores são trocados incessantemente. Contratam atores baratos para os ensaios de propósito, para pagar menos, e três dias antes trocam, contratam os "grandes artistas", que

são uma porcaria tão grande quanto os baratos, só gritam mais alto, sapateiam e agitam os braços.

E eu sou obrigado a ensaiar com todos eles. Trocaram dois Gatos e agora, desde anteontem, há um novo. Amanhã, chegará uma segunda Fada, já que desistiram desta, uma terceira Constipação[117] etc., infinitamente. Canalhas e patifes! Se não houvesse responsabilidade em nosso teatro há muito eu teria dado uma cuspida e fugido daqui. As vulgaridades se introduzem incessantemente. E tudo isso se faz com o nome de Maeterlinck[118]: "Maeterlinck disse", "Maeterlinck quer assim"; e eu silencio. O que é que se pode dizer contra o autor? Mas ele está sentado bem aqui e diz o que é necessário, que tudo seja mais vivo, que falem mais depressa, que façam mais alegremente a dança popular de roda no primeiro ato – que o público francês ama –, que seja iluminado e alegre etc., [...] estão armando um berreiro, fizeram uma casa de feras e um circo, e tudo de que os atores tanto gostavam em nossa encenação, tudo o que eu tinha conseguido entusiasmar neles e a nobreza, qualquer que seja, que eu tinha conseguido criar em cena, tudo isso agora é pisoteado com extravagâncias de palhaços circenses; nós ladramos, miamos, uivamos numa briga ordinária.

É insuportável de ver. [...]

Um inferno e uma infâmia!

Não acredito que o público de Paris goste desta coisa ordinária e de mau gosto que dela estão fazendo os atores parisienses, sob a direção do autor e de Rejan. Vi aqui uma troupe belga que já representou 350 vezes uma comediazinha curta e vejo que os franceses compreendem maravilhosamente o fino gosto e a nobreza da atuação, o fino humor sem o gesto, sem a afetação e as palhaçadas, e tudo aquilo que Leblan e

117 Assim como o Gato e a Fada, a Constipação é uma das personagens desta peça.

118 O próprio autor, que havia ficado encantado com a montagem realizada em Moscou, estava auxiliando na direção da peça, em Paris.

> Rejan introduzem na peça, e que chamam de público teatral parisiense, é um mau gosto pessoal de ambos, só isso.[119]

É evidente, a partir daí, que a falta de um conjunto de regras denigre o ambiente teatral e, neste caso, propicia o despontar de um péssimo resultado, sem valores estéticos como a harmonia, a profundidade, a leveza, a sensibilidade e a beleza[120]. Era esse tipo de resultado justamente algo muito diferente daquilo que os integrantes do TAM desejavam para seu teatro.

Ademais, Leopold Sulerjítski sofre nesta carta não apenas pelo resultado, isto é, não apenas pelo fato de o grupo ferir a beleza de uma peça que por si só já carregava uma história um tanto poética, mas sobretudo pelo fato de o grupo parisiense levar o ordinário ao público, pela falta da ética dentro do ambiente teatral, a carência de regras que deem certo sentido ao trabalho criador realizado e garantam o equilíbrio e a felicidade dos envolvidos neste processo.

Quando falamos em ética (do grego, *éthos*), estamos nos referindo a um dos mais importantes temas da filosofia, distribuído em três diferentes dimensões: 1. o conjunto de práticas, hábitos e costumes de determinado povo; 2. o conjunto de preceitos que estabelecem e justificam valores e deveres (ética em um sentido normativo); e 3. a ética em seu sentido reflexivo ou filosófico, cujo centro está na responsabilidade, nos princípios e em questões semelhantes que visem discutir a natureza e as bases dos sistemas e das práticas, analisando valores e conceitos que as fundamentam[121].

119 L.A. Sulerjítski, *Povesti i Rasskazi*, p. 476-477.

120 Estes valores são citados por Mario Ferreira dos Santos e Nádia Nunes Galvão como valores estéticos exemplares em *Convite à Estética*. Trata-se da história de dois irmãos pobres, Titil e Mitil, os quais, guiados por uma fada e pela "alma" de objetos e animais conhecidos seus (o açúcar, o leite, o pão, o gato e o cachorro), partem em busca daquele que supostamente lhes trará a felicidade, isto é, o pássaro azul. Mas toda vez que o pássaro se encontra em suas mãos, é como se a felicidade escorresse de seus dedos e as crianças têm de recomeçar sua busca sem-fim. Essa peça conta com uma tradução para o português, feita por Carlos Drummond de Andrade, devidamente indicada na bibliografia deste trabalho.

121 D. Marcondes, *Textos Básicos de Ética*, p. 10.

Neste último sentido, Sulerjítski estaria em sua carta gerando uma séria reflexão acerca do sistema de trabalho presente no teatro de Paris, sem aceitar os valores ali estabelecidos.

Em Stanislávski, a busca por uma interligação entre ética e estética foi crucial, desde o início. Quando reflete acerca da ética, em suas anotações[122], Constantin Stanislávski igualmente compreende a necessidade de um ambiente de trabalho ordenado e saudável, já que sem isso é impossível vivenciar a experiência teatral. Para ele:

> O artista, assim como os demais cidadãos, está obrigado a conhecer as leis da ética social e subordinar-se a elas.
>
> A ética artística é a ética profissional da gente do teatro. Suas bases são as mesmas que as da ética social, mas deverão adaptar-se às condições da nossa arte. Estas condições são diversas e complexas.
>
> A primeira delas se apoia no coletivo de trabalho do poeta, do diretor, do artista, dos cenógrafos, dos músicos, dos dançarinos, dos maquiadores, dos figurinistas e de todo o restante do pessoal teatral.
>
> Cada um deles, separadamente, é um criador independente em seu campo de ação dentro da nossa arte. Tomados conjuntamente estão todos ligados entre si pelas leis da harmonia artística e pelo objetivo comum e final a todos, que é a criação. Para pôr em ordem o trabalho de muitos criadores e cuidar da liberdade de cada um deles em particular são necessários princípios morais que promovam o respeito para com a criação alheia e que mantenham o espírito de camaradagem no trabalho comum, que cuidem da liberdade de criação própria e alheia e que morigerem o egoísmo e os instintos nocivos de cada um dos trabalhadores do coletivo,

122 Estas anotações encontram-se disponíveis em espanhol, fazendo parte da coletânea *Trabajos Teatrales*, de C. Stanislávski, ainda não traduzida para o português.

> tomados individualmente. A ética artística cria estes princípios morais adaptando-se às condições de nossa arte.[123]

Compreendendo a relevância que o campo ético possui para o desenvolvimento de uma arte coletiva como o teatro, Constantin Stanislávski e Leopold Sulerjítski redigiram um documento no qual constava a organização ética e estética do Primeiro Estúdio, bem como todas as demais questões relativas à administração e às reuniões, que deveriam ocorrer mensalmente. Esse documento encontra-se atualmente entre os arquivos do RGALI[124], com algumas anotações manuscritas, e possui sua versão definitiva e completamente datilografada arquivada no Museu do Teatro de Arte de Moscou[125].

Em ambas as versões, Leopold Sulerjítski é descrito a partir da primeira página como o assistente de Stanislávski, diretor de ideias, administrador e responsável pela parte moral do Estúdio. No décimo oitavo tópico do documento, ao tratar especificamente da parte ética, Leopold Sulerjítski escreve que:

> Os membros do Conselho do Estúdio devem se lembrar, e mais frequentemente recordar um ao outro, que eles receberam para si um serviço do Estúdio e respondem não só perante os integrantes do Conselho, como também diante da própria concepção do Estúdio; do Estúdio que no campo da arte teatral está constituído em prol de buscas, revelações e realizações das mais altas neste campo, e que em sua vida espiritual tomou por base o princípio mais elevado da alma humana; devem recordar-se que se é possível não se orgulhar, mas se alegrar com a eleição no Conselho do Estúdio, então não há um grande erro e um grande crime

123 C. Stanislávski, op. cit., p. 85-86.

124 Nesta biblioteca, consta no arquivo o nome de Evguêni Vakhtângov como redator do documento. (Número do arquivo: 1990/2/4.)

125 No museu do TAM, consta o nome de Sulerjítski como redator. (Número do arquivo: 13613/1.)

diante da consciência do Estúdio, como seria um crime sentir-se o superior e comandar, compreendendo a própria situação como a de chefe dos demais. Da mesma forma que cada membro da administração ou que dirige uma parte separada da vida do Estúdio deve lembrar-se de que se o escolheram então ele assumiu um serviço, mas não um poder. O Conselho do Estúdio é obrigado a acompanhar para que a sede de poder não cresça também naquele que advertir a mínima inclinação junto de seus membros, devendo fazê-lo por respeito e atenção para com este. O poder é o inimigo mais terrível do Estúdio, que irá perturbar o seu trabalho sob todos os aspectos, tanto no artístico quanto no moral e no social. [...] Menos regras e leis, mais respeito ao homem e à arte dentro dele, mais atenção e confiança nos outros, severidade e exigência consigo – eis a base das relações dos membros do Estúdio.[126]

Encontra-se neste documento um conceito difundido por Stanislávski desde a inauguração do Teatro de Arte de Moscou, já que um dos princípios do TAM era que os atores não deveriam sobrepor-se uns aos outros ou deixar que a vaidade e o poder os vencessem. O *Livro de Cabeceira do Artista Dramático*, disponível atualmente em espanhol pela editora Quertzal[127], é outro exemplo do quanto Stanislávski se preocupava com esse assunto. Neste livro, o diretor fala sobre o quanto faz mal ao artista a atmosfera de lisonja, vaidade e admiração que costuma rodeá-lo. Mas admite que o bem-estar material do artista se encontra diretamente relacionado com o êxito e esse último, na dependência do caprichoso público, que adora criar e destronar ídolos. E percebe que essa relação dos artistas com a vaidade e o cálculo material é algo que frequentemente os leva a abandonarem seus ideais estéticos[128].

126 Documento inédito de Sulerjítski encontrado no Museu do TAM.
127 Stanislávski, *Trabajos teatrales*, p. 84-88.
128 Ibidem, p. 84.

Com suas observações sobre a vaidade, Stanislávski se alia a Sulerjítski no que se refere ao pensamento acerca das relações entre a estética teatral e à ética filosófica.

Não por acaso, Smichliáev recordou sobre Sulerjítski que:

> Também no Estúdio ele deixou um ensinamento: o repertório teatral deve ser construído de maneira que em cada peça se reflita a natureza de cada alma humana, sempre chamando para uma vida melhor. E neste movimento em direção ao melhor está também o caminho da perfeição da personalidade do artista.
>
> A criação é um ato de aperfeiçoamento.
>
> Assim, o aspecto "ético", como se expressava Leopold Antônovitch, relacionava-se intimamente com o "estético".
>
> "Sem ética não há estética" era o *leitmotiv* constante de suas conversações e da atuação prática. Na arte, o importante não é apenas *o quê* (isto é, o conteúdo no sentido mais estreito desta palavra), mas também *o como* (isto é, a forma). A forma sem o conteúdo é uma flor estéril. O conteúdo sem a forma não é uma obra de arte. E ambos são inseparáveis, um não pode existir sem o outro na verdadeira obra de arte.[129]

O interesse pela questão ética, assim como pela questão estética, levou Leopold Sulerjítski a introduzir no Estúdio um livro em que os alunos poderiam se expressar tanto com relação às apresentações quanto sobre questões éticas ou outras que desejassem: quer dizer, neste novo espaço, todos teriam voz para algo muito maior do que criar um rotineiro protocolo. Po meio de anotações, censuras, desenhos, piadas ou epigramas, todos poderiam demonstrar seus mais profundos anseios e pensamentos, questionar regras ou falar sobre as próprias necessidades.

Foi o que ocorreu com Sulerjítski, certa vez. Transtornado por um caso de falta de respeito para com os empregados do Estúdio,

129 Smichliáev apud L.A. Sulerjítski, *Povesti i Rasskazi*, p. 580.

o diretor, em 8 de outubro de 1915, escreveu uma longa carta a seus alunos, a qual, por seu caráter profundamente ético, merece ser traduzida na íntegra:

> Senhores estudantes,
>
> Chamarei sua mais séria atenção para as coisas que desonram o Estúdio de vocês ou, se isso for forte demais, então ao menos para aquelas que não possibilitam ao Estúdio permanecer tal como vocês desejariam que ele fosse.
>
> Falo sobre a atitude de vocês com relação aos empregados. Não se deve aproveitar do trabalho destas pessoas sem prestar atenção em como elas vivem, em que condições, como dormem, como se vestem, como descansam, se têm lugar e tempo para almoçar, se não vivem no lodo etc. O trabalho é muito árduo; vocês tomam delas o dia e a noite, mas dão apenas o ordenado e mais adiante cospem nelas completamente.
>
> Eu compreendo que é difícil exigir que se tenha consideração humana por elas, *pelo homem*, por todo *homem* em particular, uma vez que nós já somos suficientemente desatentos com as pessoas mais próximas; mas, apesar de tudo, ser como aqueles que na Inglaterra são chamados "espremedores de suor" é bastante vergonhoso.
>
> Pois estamos nos aproveitando das admissões escravistas. Há muito que eu não via condições tão anti-higiênicas e abomináveis e semelhante desatenção para com o homem trabalhador. E isso num trabalho em que as pessoas jovens estão reunidas para se dedicarem à arte, cujo objetivo é *forçar as pessoas a serem atenciosas umas com as outras*, cujo objetivo é abrandar o coração, enobrecer o caráter. Esse aspecto é uma grande lacuna em suas vidas e é perigoso não para o trabalho, mas para vocês.
>
> Autorizar devidamente o aumento de dois ou três rublos no ordenado é absolutamente impossível; significaria apenas que das pessoas que se aproveitam dos escravos, vocês são

aquelas que não se aproveitam deles abaixo do preço estabelecido no mercado, só isso; mas o humano começa apenas a partir do momento em que, embora pouco e minimamente, a própria pessoa dá atenção à vida de cada um. Ainda que minimamente.

Para isso, é indispensável imaginar com clareza, ainda que uma vez, como se passa a vida de cada uma destas pessoas.

Eis, por exemplo, a função do foguista. De manhã, ele deve rachar lenha para todos os fornos – os doze que nós temos no apartamento –, e para cada um deles são necessárias quinze achas (aproximadamente duzentas achas)[130]; ele precisa trazê-las todas e a distância do nosso galpão é tal que é como se ele contornasse todo o quarteirão, precisa subi-las até o terceiro andar, distribuí-las pelos fornos, depois avivar o fogo destes fornos, fechar todos eles, retirar a cinza, colocar os samovares, correr atrás da remessa, ficar na antessala e, após almoçar de pé, porque não há onde se sentar, continuar então o serviço, andando o dia inteiro na pontinha dos pés, por respeito – o que é muito cansativo –, e à noite, antes das dezenove horas, preparar o chá, distribuí-lo e recolher tudo. Em seguida, precisa se deitar sem jantar num quartinho sufocante, onde já está posta uma cama na qual estão deitados juntos dois irmãos que levaram o mesmo tipo de dia, senão pior.

Isso não é bom. Lembrem-se de que estas pessoas não têm lar, que esse quartinho sufocante e imundo é uma casa sem cuidados domésticos, sem conforto, zelo, e nem uma palavra de atenção, e que, desta forma, neste trabalho não espiritualizado, barulhento e servil – pois eles mesmos não compreendem este trabalho –, passa-se inicialmente a adolescência, depois a juventude, a vida adulta e a velhice. Na poeira, no mormaço,

130 L.A. Sulerjítski, Vospominania o Sulerjítskom, em L.A. Sulerjítski, *Povesti i Rasskazi*, p. 707. O Primeiro Estúdio ocupava não um alojamento teatral especial, mas um grande apartamento, uma sala de estar que era transformada em sala de teatro. Nesta sala havia uma lareira que, assim, serviu para *O Grilo na Lareira* como atributo do espetáculo. (N. da E. russa.)

no serviço e, o principal, sem a menor alusão a algo que se refira, de um modo ou de outro, ao lado espiritual do homem. A menos que eles vigiem por uma frestinha como vocês cantam e interpretam, como ontem, no concerto experimental. E tudo isso em uma instituição que só se enche de arte refinada.

Prestem atenção vocês mesmos para que isso tudo seja mais humano. Não sejam passíveis de uma vergonha injustificada e, ainda que só um pouquinho, reconheçam como vivem estas pessoas que carregam por vocês o trabalho braçal, e se tentarem algum dia incluir qualquer gotinha de prazer em suas vidas, acreditem que essa gotinha não desaparecerá. O trabalho físico não é de forma alguma uma coisa da qual precisemos fugir, ele pode dar grande alegria, mas o serviço, o servilismo, a permanente servidão a outros e a absoluta carência do que deveria ser atenção e afeto criam tamanha desolação e de tal modo oprimem e endurecem o homem que ele perde completamente o interesse inclusive por si mesmo, endurece-se e se extingue, e cria-se um escravo no lugar do homem que se perde; não é oportuno que vocês participem disso; comparados a eles, vocês são demasiadamente ricos em fartura e alegrias espirituais. Que pelo menos às vezes pareça-lhe que também tem uma "casa". Que ao menos de quando em quando, ao deitar-se após um dia de trabalho duro, ele sinta que alguém pensou nele, ainda que um pouquinho, e adormeça sem a consciência de que o compraram, de que compraram o seu trabalho, e de que para vocês isso não fará nenhuma diferença mais adiante. Para que estas paredes, se não são muito cômodas, sejam para ele, apesar de tudo, quentes e agradáveis, para que atrás delas seja pelo menos um pouquinho mais caloroso do que é lá fora, na rua, onde tudo é guerra, onde precisam apenas de seus braços e pernas, onde querem dar-lhe o mínimo e dele extrair o máximo possível.

Não sou sentimental. E assim preciso de pouco: apenas que não procedam como os piores dos escravocratas. E cuidem de si mesmos, cada um de vocês transformando a si mesmo nesta esfera; a si mesmo, porque precisamente cada um se aproveita deles; e porque ninguém consegue fazer isso pelo outro. Se elegerem alguém para chefiá-lo, que este fale com ele em voz baixa, peça, informe-o sobre aquilo que é de seu interesse, e, principalmente, lembre-se de que apenas cada um em pessoa pode ajudar nisso. Eu gostaria que cada empregado pudesse dizer "nosso Estúdio" tanto com amor quanto com um sentimento caloroso. E, além do mais, precisamos refletir sobre isso, de modo geral, para que o Estúdio seja mais caloroso e confortável a cada membro seu. Precisamos nos unir mais. Precisamos dar mais lugar ao trabalho dos outros. Hoje, por exemplo: por vontade própria, em um dia de trabalho, Tezavrovski[131] juntou e organizou contra as janelas os quadros necessários para a sala de espetáculos. Ele precisou passar o dia trabalhando intensamente num ofício de carpinteiro. E por acaso não o fez com alegria? Se todas as paredes, se todo o Estúdio estiver impregnado pelo próprio trabalho utilizado para o seu aperfeiçoamento, vocês verão como crescerá todo o Estúdio, como ele terá valor e será estimado por todos e como cada um se sentirá ofendido com qualquer comportamento negligente e superficial. O refeitório, por exemplo, não chega na organização do Estúdio. É muito difícil fazê-lo, isso está absolutamente correto, mas ele é completamente indispensável. Juntemo-nos em algum lugar e, de passagem, discutamos atentamente. Se o dinheiro não for suficiente para o início eu o darei, já tenho para isso, embora eu desejasse me esquivar. Mas ele é necessário. Não fiquem só agitando os braços e dizendo que isso é indispensável. Aí está a nossa força, que pareceria indispensável para chegar a ser possível e executado. Se o mais indispensável, isto é, o próprio Estúdio, com sua organização,

131 V.V. Tezavrovski - jovem ator do TAM e do Primeiro Estúdio. L.A. Sulerjítski, Vospominania o Sulerjítskom, em L.A. Sulerjítski, *Povesti i Rasskazi*, p. 707. (N. da E. russa.)

seus espetáculos, a trupe, o orçamento e suas relações, não só é possível como também existe e está prosperando, bem, por acaso isso não é um milagre?

Como então é possível não ter fé naquelas pequenezas quando em comparação a isso? As pessoas não acham uma saída? Então, por quê? Por que essa dúvida? Olhem para trás, três anos atrás, e, vendo aquilo que vocês já fizeram neste tempo, envergonhem-se de sua pouca fé, borrem-na o mais rapidamente possível, observem melhor à sua volta, olhem um ao outro no rosto, sintam que vocês já são um grupo sério e não um grupo colado com saliva, mas com algo mais forte, sintam sua força mais depressa e, para isso, percebam com mais frequência um ao outro, martelem mais depressa o rebite nos laços do novo navio "Estúdio" e movam-se erguendo amistosamente a bandeira de "Fé, Amor e Esperança", olhando adiante atentamente, pois neste ano vocês devem fazer muitíssimo, como talvez não tenham feito no decorrer desses três anos.

Cada um deve se lembrar que apenas aquele que disser para si mesmo "Eu sou um estudante de teatro!" poderá se tornar um estudante de teatro do Estúdio e que a partir deste momento vai acreditar que justamente dele depende toda a existência do Estúdio, de sua atenção e preocupação com cada aspecto da vida do Estúdio, de sua condescendência, de sua prontidão para trabalhar e doar seu tempo, seu trabalho, sua experiência e muito, muito, muito mais. Quanto mais você sacrifica, mais ganha.

Isso não é da crestomatia, mas da vida; olhem para a vida de todos os membros do Estúdio e vocês verão que é assim. Lembrem-se apenas de que vocês devem o quanto antes se sentirem fortemente unidos entre si e fortemente unidos com aquele que os criou: o Teatro de Arte.

O quanto antes; assim pressente meu coração. L.S.[132]

132 L.A.Sulerjítski, *Povesti i Rasskazi*, p. 372-375.

Se Stanislávski já dizia em seu livro de cabeceira que o reconhecimento do teatro como arte verdadeira depende, antes de tudo, de os artistas se conscientizarem de sua missão[133], eis nesta carta um exemplo de apelo em que é possível enxergarmos a necessidade de uma nova consciência por parte dos artistas: a necessidade de respeito para com o trabalho do próximo.

Apelo, talvez, muito próximo ao que Lev Tolstói faz à sua nora Sófia N. Tolstáia, em uma carta de 1902. Nesta carta, ao tratar da questão da educação, o escritor fala do quanto acredita que "as crianças *devem* estudar o *menos possível*"[134], uma vez que não é um problema tão grave crescerem sem saber uma ou outra questão. Mais grave é quando as crianças criam uma espécie de indigestão com relação aos estudos e se fartam dele de vez.

Supondo que talvez sua leitora argumentasse contra sua noção, Lev Tolstói diz a seguir:

> O argumento contrário, no entanto, com frequência é: se as crianças não estudarem, de que se ocuparão? De todos os tipos de tolices e patifarias com as crianças camponesas? Levando-se em conta nossos hábitos grã-finos de vida, tal objeção provém de um raciocínio lógico. Mas será necessário habituar as crianças a uma vida grã-fina, ou seja, de modo que elas saibam que todas as suas necessidades, sejam quais forem, serão satisfeitas sem nenhum esforço da parte delas? Por isso, a primeira condição para uma boa educação é que a criança saiba que tudo aquilo de que ela precisa não cai pronto do céu, mas é o resultado do trabalho de outras pessoas. Compreender que tudo que a circunda resulta do trabalho alheio, do trabalho de gente desconhecida e que não necessariamente a ama, está bem acima da compreensão da criança (Deus queira que ela entenda isso quando se tornar adulta), mas ela deve entender que o penico

133 C. Stanislávski, *Trabajos Teatrales*, p. 84.
134 L. Tolstói, *Os Últimos Dias*, p. 213.

em que urina é esvaziado e lavado sem nenhum prazer por sua babá ou pela criada e que o mesmo ocorre com suas botinas e galochas, que ela encontra sempre lavadas e limpas, e que tudo isso não é feito por mágica, nem por amor a ela, mas por razões que ela ignora, que ela pode e deve entender, e das quais deve se envergonhar. Se ela não sentir vergonha e continuar a se aproveitar disso, é indício da pior educação, que a marcará profundamente por toda a vida. Evitar isso, no entanto, é muito fácil e, por essa razão, eu lhe suplico (para empregar um estilo mais poético) do meu leito de morte que o pratique com seus filhos. Deixe-os fazer com empenho tudo o que precisarem fazer para si mesmos: descartar as próprias fezes, pegar água do poço, lavar a louça, arrumar o quarto, limpar os sapatos e as roupas, arrumar a mesa e assim por diante, deixe-os fazer sozinhos. Acredite em mim, por mais insignificantes que tais tarefas possam parecer, elas são muito mais importantes para a felicidade de seus filhos do que o conhecimento da língua francesa, de história etc. [...] Com esse princípio, eliminamos duas questões de uma vez: ela permite que se estude menos, utilizando o tempo de maneira mais proveitosa e natural, e acostuma as crianças à simplicidade, ao trabalho e à autonomia. [...]

Acredite em mim, Sonia[135], sem essa condição não há educação moral nem cristã, nem consciência de que todos os homens são irmãos e iguais entre si. Uma criança é capaz de entender que um adulto, que seu pai – seja ele banqueiro, torneiro, artista ou feitor –, cujo trabalho alimenta a família, pode ser dispensado dessas tarefas caso estas o impeçam de dedicar todo o seu tempo à realização de seu trabalho. Mas como uma criança pequena, que ainda não tem habilidade para fazer nada, pode ser capaz de entender que outros façam para ela aquilo que lhe parece tão natural fazer sozinha?

135 A destinatária da carta é Sófia N. Tolstáia (1867-1934), nora de Tolstói, casada com Iliá L. Tolstói, seu filho. Sonia é o diminutivo de Sófia, é a forma carinhosa pela qual Lev Tolstói a trata no decorrer da carta.

> A única explicação para essa questão é que as pessoas se dividem em duas classes – senhores e escravos; por mais que expliquemos à criança as palavras "liberdade" e "fraternidade", as pessoas e a maneira como elas vivem, logo que se levantam até a hora do jantar, provar-lhe-ão o contrário.
>
> Além disso, nos ensinamentos dos mais velhos sobre moral, a criança perceberá, no fundo de sua alma, que todos os sermões são enganosos, e ela deixará de acreditar nos próprios pais e em seus mestres, e até mesmo na necessidade de qualquer moral, seja qual for.[136]

Embora uma das cartas trate da educação de alunos jovens de uma escola teatral, enquanto a outra considera aspectos da educação infantil, ambas têm como fio condutor unicamente o aperfeiçoamento moral do ser humano. A criança mal-educada de hoje poderá ser o adulto desatencioso de amanhã.

Em ambos os textos, com grande maestria, os autores olham não para si, nem somente para aquele a quem dirigem a carta, mas para outro, fora desta esfera da correspondência ocorrida, e que provavelmente leva uma vida muito mais sofrida do que eles. Tanto Lev Tolstói quanto Leopold Sulerjítski sabem o que deve ser feito e recomendam-no, suplicam. Mas em momento algum impõem que seja feito. O que é significativo, visto que agindo assim exercem influência moral sobre seus interlocutores[137].

Ao mesmo tempo, inserem em seus discursos a noção do dever, considerada uma das mais fundamentais para a ética. De acordo com o pesquisador Danilo Marcondes, ao tratarmos de ética em um sentido mais amplo, estamos tratando do certo e do errado, do bom e do mau; estamos permitindo ou proibindo algo com base

136 Ibidem, p. 213-216.

137 De acordo com M.L.A. Aranha, *Filosofando*, p. 304: "a moral, ao mesmo tempo que é o conjunto de regras que determina como deve ser o comportamento dos indivíduos de um grupo, é também a livre e consciente aceitação das normas. Isso significa que um ato só é propriamente moral se passar pelo crivo da aceitação pessoal da norma. À exterioridade da moral contrapõe-se a necessidade da interioridade, da adesão mais íntima".

num conjunto de normas ou valores adotados historicamente por determinada sociedade. Ou seja, para que uma ação seja tida como ética, o ser humano deve agir de acordo com tais valores estipulados por sua sociedade, adentrando com isso uma das noções mais fundamentais da ética: a noção do dever. Todos somos livres e, a princípio, podemos agir como bem entendermos, seguindo nossos instintos, impulsos ou desejos; mas é justamente o dever que restringe essa liberdade, limitando-a por normas baseadas em valores éticos. Em suma, "O ser humano pode agir de diferentes maneiras, mas deve agir eticamente"[138].

Era o que Leopold Sulerjítski desejava de seus alunos. Que agissem eticamente, mas sempre por escolha própria, entendendo e aceitando conscientemente as razões por ele apontadas. Por não dissociar o processo de aperfeiçoamento humano do profissional, aproveitava cada detalhe da vida no Estúdio para incutir princípios éticos em seus alunos. E elevar seu entendimento não apenas com relação à arte do ator, mas, sobretudo, com relação à vida do ser humano.

De Repente, Sou Gaivota

Como uma gaivota, voo sobre o mar.
Vejo um barco. Pouso em sua bandeira.
"Fé, amor e esperança", dizem.
Três palavras.
Um poema.
Sou eu que tenho asas
Mas eles é que cruzam o infinito.[139]

138 D. Marcondes, *Textos Básicos de Ética*, p. 9.
139 Daniela S.T. Merino, De Repente, Sou Gaivota.

II

Homem de Seu Tempo

Ainda a Escuridão?

Agora já vemos seu rosto.

Sabemos quem é esse homem e o que veio fazer quando seu barco resolveu ancorar em nosso mundo (durante o período de 44 anos).

Por que, então, o palco ainda não se fez luz por inteiro?

Ouvem-se vozes. Mais diálogos?

Talvez seja o momento de entendermos também quem foi o homem por trás do diretor Sulerjítski. Em que acreditava, contra o que lutava e, principalmente, o porquê de haver três distintas figuras dividindo o palco com ele, neste exato instante do espetáculo.

Se um destes com certeza é Tolstói e o outro é indubitavelmente Stanislávski….

Que as cortinas se abram definitivamente diante de nossos olhos, para que também se descubra quem é esse terceiro!

Mas, Afinal, Quem É o Terceiro?

Chama-se Vsévolod Emílevitch Meierhold (1874-1940) e creio eu que dispense apresentações muito detalhadas neste trabalho, uma vez que foi grande sua significação para o teatro do século XX e que o papel por ele desempenhado conta atualmente com excelentes trabalhos escritos em português por Arlete Cavaliere, Maria Thais Lima Santos e, em francês, com tradução para o português, de Beatriz Picon-Vallin[1].

A participação de Meierhold, no que diz respeito à vida e à obra de Leopold Sulerjítski, é relativamente pequena e ocupará uma cena curta de nosso trabalho. O que não quer dizer de forma alguma que devemos desprezá-la ou considerá-la banal. Muito pelo contrário, pois, apesar de curta, essa inter-relação estabelecida foi significativa e ajuda a melhor compreendermos quem foi Leopold Sulerjítski.

Na Vida

Em 20 de dezembro de 1916, Meierhold escreve um necrológio para o jornal *Bírjivie Védomosti*. Neste artigo, começa por apresentar Leopold Sulerjítski justamente como uma figura multifacetada e digna de nota, embora pouco conhecida pelo público de sua época. Para Meierhold, seria necessário escrever mais do que um necrológio para dar conta de todas as facetas dessa personalidade que ele chama de extraordinária e que, em sua opinião, apesar de extraordinária, ficou desconhecida por dois fatores: primeiramente, pela falta de seu nome nos cartazes das peças; em segundo lugar, pelo fato de jamais ter procurado fazer publicidade de si.

Um aspecto relevante desse artigo de Meierhold é a sua descrição de um encontro com Lev Tolstói, ocorrido em 1905. Diz ele:

1 Cf. bibliografia infra.

> Eu vi com que alegria extraordinária se iluminou a face de Lev Nikoláievitch quando viu que Sulerjítski ultrapassava a soleira de sua casa, em Iássnaia Poliana. Pelos quartos do silencioso casarão irromperam de Súler cantos da estepe e durante um dia inteiro houve na casa aquela vivacidade que Tolstói buscava tão apaixonadamente. E então me pareceu que o que Tolstói amava em Sulerjítski era não apenas o representante de suas ideias, mas, principalmente, a sua alma de vagabundo.[2]

É justamente a essa alma de vagabundo que Meierhold dá especial destaque no artigo, incluindo-a como o verdadeiro diferencial de Leopold Sulerjítski dentro de seu trabalho com o teatro: "Sulerjítski, que amava o mar, que amava a música e que, como Tosltói, amava a canção cigana, poderia ir adiante no teatro? Vagabundo de nascença, ele deu à arte aquilo que um artista de alma burguesa jamais dá a ela."[3]

Apesar de não terem desenvolvido relações muito próximas no decorrer de suas vidas, ambos se respeitavam e Vsévolod Meierhold reconhecia o papel crucial de Leopold Sulerjítski para o Primeiro Estúdio e para o TAM. Ao finalizar seu necrológio, ele diz que "o Estúdio ligado ao Teatro de Arte, guiado eternamente pelo jovem Stanislávski, deve vestir um luto profundo por ter perdido um rebelde enérgico como Sulerjítski, tolhido pela morte na noite de 17 para 18 de dezembro de 1916"[4].

Na Arte

Em 1906, Meierhold, que havia sido ator do TAM até 1902 e que se entregara à tarefa de desenvolver um Estúdio Teatral ao lado

2 V. Meierhold apud L.A. Sulerjítski, *Povesti i Rasskazi*, p. 578.
3 Ibidem.
4 Ibidem, 579.

de Stanislávski, em 1905[5], é convidado para trabalhar como diretor ao lado da já famosa atriz Vera Komissarjévskaia. É precisamente esse trabalho o responsável por provocar "o surgimento de uma das grandes questões do teatro no século xx: a cisão entre o encenador e o ator"[6].

Vera Komissarjévskaia acreditava no teatro simbolista como um teatro do ator em que o exterior estava submetido ao interior e supunha que fosse assim também para Meierhold. Mas se para ela, a princípio, a maneira de olharem para o teatro convergia neste aspecto, o tempo se encarregou de demonstrar a existência de diferentes tendências e convicções entre ambos.

Meierhold via no drama simbolista de Maeterlinck um pretexto para a criação de uma nova técnica, de um *drama estático*. Para ele, numa representação simbolista não deveria haver qualquer vínculo com a vida, sendo a ação substituída pela situação; a ação, vista "não como uma série de eventos externos, mas como um acontecimento da alma da personagem, materializando-se nas pausas, nos silêncios e, principalmente, nas formas e nos movimentos plásticos"[7].

5 Conhecido como Estúdio da rua Povarskaia, foi a primeira tentativa de Constantin Stanislávski de se dedicar à busca por novas formas artísticas e o descarte do realismo d'alma. Para essa empresa, ele conta com a participação de Vsévolod Meierhold, que também busca novas formas de atuação, justamente na mesma época. Essa busca é descrita por T. Batchélis apud A.O. Cavaliere; E. Vássina (orgs.), *Teatro Russo*, p. 9, não como um capricho dos encenadores daquele tempo, mas como uma exigência da própria arte russa, numa época em que a sociedade do país se tornava cada vez mais complexa. De acordo com M.T. Santos, *Na Cena do Dr. Dapertutto*, p. 23, experimentou-se neste Estúdio criado por Stanislávski e Meierhold a "estatuária plástica", "não como uma cópia das pinturas, mas a partir da imaginação criativa do diretor, que pretendia concentrar o ator – física e mentalmente – através das poses, do desenho do gesto e da ênfase do perfil do corpo". Ao aproximar a linguagem pictórica da expressão do ator, Meierhold submetia completamente o temperamento do intérprete à forma exterior. Esse fator, aliado à falta de talento dos intérpretes, fez do ensaio geral de *A Morte de Tintagiles*, de Maeterlinck, um momento de revelação dos trabalhos realizados no Estúdio como um fracasso, e resultou em seu encerramento. Embora inicialmente houvessem convergido no fundamental, buscando no Teatro-Estúdio novas formas de concretizar as inovações propostas pelo drama simbolista, Stanislávski e Meierhold partiam, agora, cada qual para seu caminho, cada um com as próprias convicções, sendo que enquanto o primeiro perseguia o absoluto teatral por meio da representação formal (do exterior para o interior), o segundo guiava suas buscas pela via da representação mimética (do interior para o exterior).

6 M.T. Santos, op. cit., p. 30.

7 Ibidem, p. 34.

No período em que faz parte da companhia de Komissarjévskaia, Meierhold leva até o limite as concepções inicialmente formuladas no Teatro-Estúdio da Rua Povarskaia e põe-se agora a trabalhar visando uma nova abordagem do trabalho do ator. Mediante o princípio da estilização, submete o ator à imobilidade. O ator passa então a ser visto como um corpo estático, que ora revela um caráter pictórico, ora um caráter escultural, tornando-se "marionete" nas mãos do encenador.

Quando Leopold Sulerjítski trata das relações entre ator e diretor em uma apresentação realizada no museu Politécnico, em 25 de outubro de 1909[8], utiliza precisamente estes acontecimentos de 1906 a 1907 como pano de fundo para tudo aquilo que irá dizer.

De acordo com Sulerjítski, Meierhold havia errado em suas convicções a partir do momento em que fizera do ator um ser desprovido de personalidade. A individualidade do ator era justamente aquilo que ele mais desejava alcançar em seus trabalhos teatrais. Por isso, acreditava que nem o mais simples de todos os atores conseguiria deixar de lado a própria criação para se tornar um fantoche nas mãos do diretor. Diz ele:

> No campo da arte e da criação não se pode, de jeito nenhum, nem forçar e nem mandar nos sentimentos. Nenhum ator, mesmo o de menor talento, mudará sequer uma característica da personagem que ele criou durante todos os tormentos da criação, ainda que o próprio Stanislávski tenha lhe ordenado isso. [...] Uma vez que não há personalidade, não há nada; e não há nada para ser conduzido à harmonia; tudo se torna trivial e indiferente.
>
> Se toda uma orquestra se preencher de cornetas que sabem emanar apenas uma nota musical, então é pouco provável que até mesmo um contrapontista como Serguiei Ivánovitch

8 A tradução completa desta apresentação encontra-se no final desta obrai em Cartas e Anotações do Diário.

> Taniéiev comece a escrever uma sinfonia para tal orquestra. Por outro lado, quanto mais vivas os matizes de cada instrumento isolado, quanto mais vasto e flexível o diapasão deles, tanto mais plena e mais forte harmonia é possível, e maior talento é preciso para esse maestro e compositor. [9]

Sulerjítski acreditava ainda caber ao diretor entusiasmar e atrair a individualidade do ator, de forma a dar sentido ao seu trabalho criador. Somente tal relação seria capaz de educar verdadeiramente o ator, auxiliando-o em seu crescimento e desenvolvimento interior. No entanto, se o diretor não entusiasmasse e nem desse valor à individualidade, além de sua atuação tornar-se fria e refratária, todo o trabalho de direção acabaria arruinado.

Por isso é que, em sua apresentação, Sulerjítski faz um apelo à existência de boas relações entre ator e diretor, enfatizando a relevância de o Teatro possuir bons diretores, os quais deverão auxiliar os atores no trabalho sobre si mesmo[10]:

> Todo o intenso trabalho de um diretor contemporâneo em relação ao ator consiste precisamente nisto: ajudá-lo a encontrar-se a si mesmo, ajudá-lo, como dizem, a "revelar" sua personalidade até uma grande profundidade possível, ajudá-lo a separar em seu trabalho aquilo que, de fato, representa sua verdadeira individualidade do geral, do teatral, do assim chamado "clichê", que, apesar de ser próprio, sendo em cada ator diferente do que é nos demais, não tem nada em comum com a sua verdadeira individualidade.[11]

Daí as severas críticas que faz a Meierhold em sua apresentação, considerando-o o único diretor decadente entre os diretores

9 L.A. Sulerjítski, *Povesti i Rasskazi*, p. 317-320.

10 O trabalho sobre si mesmo é fortemente desenvolvido por Stanislávski, desde o início de sua pesquisa com o ator, sendo alguns anos mais tarde aperfeiçoado em seu método das ações físicas.

11 L.A. Sulerjítski, *Povesti i Rasskazi*, p. 319.

contemporâneos. Pois Meierhold não apenas não realizava esse tipo de trabalho com seus atores como também – e principalmente – havia se esquecido por completo do ator.

De acordo com a estudiosa russa Tatiana Batchélis, era precisamente nisso que residiam as principais divergências entre Constantin Stanislávski e Vsévolod Meierhold, até o ano de 1917. Enquanto Meierhold via a filosofia geral do espetáculo como sendo o aspecto mais importante no teatro, Stanislávski corroborava para o que diz Sulerjítski em sua apresentação, vendo o essencial justamente na verdade pessoal dos sentimentos e na vida espiritual da individualidade[12].

Com seus procedimentos de baixo-relevo frontal da *mise en scène* dos atores petrificados em poses ao longo de uma comprida parede, com sua estatuaridade e o "teatro imóvel" do simbolismo, segundo a visão de Stanislávski e Sulerjítski, Meierhold matava justamente um dos princípios do teatro. Para Sulerjítski:

> Aqui, o talentoso e inteligente Vsévolod Emílevitch Meierhold cometeu um erro. Esquecendo-se do ator, ele foi até o teatro de convenção, até a negação dos verdadeiros detalhes. Armado de excelentes conhecimentos no domínio da representação teatral, sabendo penetrar profundamente nas ideias do autor e manobrá-las perfeitamente, já que elas são abstratas, Vsévolod Emílevitch se afunda impotente nas profundas vivências dos homens vivos, perdendo-se entre a forma e o conteúdo. Em sua aspiração à criação de novas formas de teatro ele desprezou o ator e pagou um preço alto por isso.[13]

O problema, em sua opinião, não era o fato de Meierhold estar voltado para um trabalho com o teatro de convenção, esse teatro que buscava uma volta às origens. Pois o teatro de convenção não

12 Cf. T. Batchélis apud A.O. Cavaliere; E. Vássina (orgs.), *Teatro Russo*, p. 34.

13 L.A. Sulerjítski, *Povesti i Rasskazi*, p. 321. Quando fala em pagar um preço alto por isso, Sulerjítski se refere ao fato de o Estúdio da Rua Povarskaia ter sido fechado pouco depois de ter sido inaugurado, não tendo tido a chance de se desenvolver e alcançar a maturidade.

exigia um ator sem personalidade, esvaziado. Muito pelo contrário, era justamente o tipo de teatro no qual o ator precisaria ainda mais da sua individualidade.

Somente um ator com forte individualidade e expressão interior seria capaz de enfrentar um palco vazio e um fundo preto, sendo o único objeto de atenção do público.

Somente um ator assim conseguiria preencher esse espaço utilizando suas vivências. "Que concentração, que vivências profundas, que temperamento infinito é preciso para que sua atuação, além de transmitir os principais sentimentos da peça, faça também o público ver a floresta, o mar, escutar o seu barulho. E que incrível concentração e sinceridade é preciso para isso!"[14]

A questão, portanto, estava na maneira como Vsévolod Meierhold olhava para o teatro de convenção, despersonalizando exatamente aquele que, na visão de Sulerjítski, não poderia jamais ser desprezado: o ator.

Mais tarde, em carta escrita ao doutor Herbert Graft, em 11 de outubro de 1927[15], Stanislávski diferenciará claramente o seu teatro deste em que o ator é só um material nas mãos do diretor, já que os princípios do TAM têm por base o diretor-pedagogo do ator e não o diretor-encenador, tal como o são Meierhold ou Taírov. Para fazer a diferenciação, Stanislávski utilizará nesta carta a famosa imagem do diretor-obstetra do ator, aquele que recebe a nova criação dada à luz pelo artista e que é o tipo de diretor presente no TAM, em contraposição àquele que fica na cabeça de tudo, cria sozinho e depois toma para si o ator como um material que pode ser moldado.

A apresentação realizada por Sulerjítski, em outubro de 1909, com as censuras e as convicções que ele apresenta, são uma forma de participação ativa em relação aos problemas de seu tempo. Aqui, estamos frente a um homem que se questiona, indaga, busca respostas e, ao mesmo tempo, tem claras e fortes convicções sobre a

14 L.A. Sulerjítski, *Povesti i Rasskazi*, p. 322.
15 E. Vássina; A. Labaki, *Stanislávski, Vida, Obra e Sistema*, p. 66.

importância da arte teatral, do espaço que ela ocupa na sociedade e, sobretudo, do espaço que ele próprio ocupa na esfera da arte, tomando para si a responsabilidade de abrir os olhos dos demais para elementos que não podem ser deixados de lado.

A partir das noções que apresenta ao longo de sua fala, prenuncia-se a forma como ele irá encarar o trabalho no Estúdio. Pois logo nessa época ele já se apega às vivências do ator como fator central para a verdadeira arte e acredita que:

> Somente por meio do ator, do grande ator, por meio da escola da imersão e da vivência sincera e por meio do desenvolvimento da individualidade é possível passar para um espetáculo mais primitivo encenado com um fundo preto na superfície. É preciso passar com cautela, observando cuidadosamente para que o grau da convenção do espetáculo não esteja à frente do desenvolvimento do ator e, por isso mesmo, não o obrigue a forçar a sua criação, o que logo e inevitavelmente será refletido na sua sinceridade da maneira mais lastimável.[16]

Na Trilha de um Mestre

A aproximação existente entre Lev Tolstói e Leopold Sulerjítski é por mais de uma vez apontada por seus contemporâneos. Sobre isso, aponta Evguêni Vakhtângov: "Sulerjítski tinha um retrato de Tolstói com uma dedicatória: 'A Lev Sulerjítski, de Lev Tolstói.' Tolstói chamava Sulerjítski de 'Levuchka' Lev e Levushka. Em minha memória, eles são inseparáveis."[17]

16 L.A. Sulerjítski, *Povesti i Rasskazi*, p. 322-323.
17 E. Vakhtângov apud L.A. Sulerjítski, *Povesti i Rasskazi*, p. 577.

A proximidade de que fala Vakhtângov tem como ponto de partida a admiração que Leopold Sulerjítski tinha por Lev Tolstói, já na infância e na juventude. Elena Poliákova conta como, desde criança, quando ele ainda brincava sob o banco de carpinteiro que havia em sua casa, Sulerjítski ouvia os adultos lerem em voz alta obras de Tolstói, como *Os Cossacos*, *Guerra e Paz* e a trilogia *Infância-Juventude*. Sem contar o fato de que, até hoje, as crianças russas aprendem a ler e a escrever pelas edições tolstoianas de "Abecedários Para Crianças"[18], o que não foi diferente no caso de Leopold Sulerjítski.

Aos 17 anos, ele não apenas lia as grandes obras literárias de Lev Tolstói como seus artigos elaborados a partir da década de 1880, quando o escritor revê muitos de seus conceitos, passa a ser considerado a consciência moral do povo russo e põe-se a escrever sobre toda a sorte de questões humanas: o aperfeiçoamento moral de si mesmo (tema caro a Tolstói já na juventude[19]), a não resistência ao mal pela força, a verdadeira religião, o amor como a única coisa que importa[20], a busca pela verdade, a benevolência, o vegetarianismo, o governo, o perdão, a arte, a educação e a revolta diante das diferenças sociais.

Lev Tolstói tinha a clara noção de fazer parte de um grupo de privilegiados e via como as classes ricas arruinavam os operários, obrigando-os a um trabalho rude, enquanto desfrutavam do luxo e

18 E.I. Poliákova, *Teatr Sulerjítskovo*.

19 Cf. N.C.Q. Erasso, *Os Diários de Juventude de Lev Tolstói*.

20 L. Tolstói, *Os Últimos Dias*, p. 217-242. A alta consciência dos problemas coletivos, o sentimento de culpa em relação aos sofredores e essa sede de justiça que aumentava cada vez mais – fatores estes sem os quais não podemos sequer conceber a existência de sua obra, segundo Schnaiderman, *Tolstói: Antiarte e Rebeldia* – fizeram com que Lev Tolstói desse um novo rumo a seus escritos, gerando uma grande reviravolta na carreira literária. De acordo com o escritor americano Jay Parini (Introdução, em L. Tolstói, *Os Últimos Dias*, p. 9): "Com uma determinação única, Tolstói lançou-se a esses estudos religiosos e filosóficos, escrevendo inúmeras cartas sobre temas religiosos ou sociais para amigos e seguidores, alguns deles autodenominados 'tolstoístas', que o rodeavam ou o apoiavam à distância. Tolstói se tornou um profeta, apresentando uma visão do cristianismo que desvencilhava Jesus de seu *status* sobrenatural e abordava sua visão social. Tais escritos religiosos e filosóficos são o ponto de partida para a criação de um movimento ético e religioso surgido na Rússia durante a década de 1880, mais tarde mundialmente conhecido sob o nome de tolstoísmo."

do lazer. O fato de, em sua opinião, as classes sociais mais elevadas oferecerem aos operários apenas uma falsa religião, uma falsa poesia e uma falsa ciência fazia com que Lev Tolstói censurasse quem estava no poder e se dedicasse cada vez mais a pregar o amor entre os homens.

A questão das diferenças sociais incomodava também Leopold Sulerjítski. Ele, que não concordava com a disposição geral das classes, as injustiças e um mundo onde há servos e senhores, foi para o campo em 1889 e, sem jamais se envergonhar de sua visão, trabalhou ao lado dos camponeses, isto é, dos servos. Aprendeu a lavrar, ceifar, transportar esterco, cultivar hortaliças e tomar conta de currais tão bem quanto qualquer mujique, crendo sempre que as atividades exercidas no campo integravam a mais importante entre todas as profissões existentes no mundo. De acordo com Poliákova[21], não demorou a se tornar um trabalhador respeitado, um igual que não se achava superior aos demais e nem tinha noção da sua situação exclusiva ou da penosa situação de distância que havia entre ele e os camponeses, algo do feitio dos intelectuais daquela época, de populistas a tolstoístas.

Sua disposição para olhar todos como iguais teve seu reflexo, mais tarde, dentro do trabalho realizado no Primeiro Estúdio do TAM. Mikhail Tchékhov lembra como: "Às vezes, Súler pegava uma vassoura e começava a varrer a sala em que se encontrava a maior parte dos estudantes. Isso significava que *ele não se sentia bem como um senhor, que cada trabalho era digno de respeito* e que se nós, de fato, amávamos o Estúdio, então não nos incomodaríamos em varrer o chão."[22]

Mas não era apenas a indignação diante das diferenças de classe que os unia. O que os ligava, antes de tudo, era precisamente o que Elena Poliákova descreve como "o princípio humano salutar, a 'veia camponesa' sempre próxima de Tolstói, aquela alegria de viver, a transparência da alma, que era cativante em Sulerjítski e muito forte em Tolstói"[23].

21 E.I. Poliákova, op. cit., p. 25.
22 M. Tchékhov apud L.A. Sulerjítski, *Povesti i Rasskazi*, p. 606. (Grifos nossos.)
23 E.I. Poliákova, op. cit., p. 27.

Essa alegria de viver era particularmente forte em Leopold Sulerjítski. Vsévolod Meierhold recordou-a em seu necrológio, como vimos. Olga Sulerjítskaia apontou-a também em suas recordações. Além de recordar que o marido era capaz de cantar canções judias como um verdadeiro judeu, polonesas como um verdadeiro polonês e ucranianas como [se tivesse] nascido ucraniano, preservando sempre aquilo que de mais valioso e característico cada povo carregava em si, Olga Sulerjítskaia lembrou-se em seu relato de como ele tratava pobres e ricos igualmente e "se aproximava das pessoas com um dom valioso: a alegria e o riso"[24]. Tatiana Tolstáia (uma das filhas de Tolstói), que havia estudado com Sulerjítski na Escola de Pintura, Arquitetura e Escultura de Moscou, a partir de 1890, escreveu a esse respeito em um texto, posteriormente lido na solenidade em memória de Leopold Sulerjítski, realizada no Primeiro Estúdio, em 25 de janeiro de 1917:

> A vida deve ser maravilhosa.
>
> As pessoas devem ser felizes.
>
> E para a realização destes dois objetivos não convém desprezar nenhum ato, nem mesmo o mais miúdo e insignificante.
>
> Se é possível dar alegria às pessoas por meio de um conto divertido ou uma anedota engraçada, então um viva ao conto alegre e à anedota engraçada!
>
> Se é possível enfeitar a vida das pessoas com um quadro, com uma apresentação, com uma canção e para isso é preciso trabalho, então é preciso oferecê-lo com vontade e alegria. Se para a felicidade das pessoas for necessário sofrimento, é preciso ir até ele com ânimo, confiança e alegria.
>
> Eis, em suma, a *profession de foi* de meu companheiro da Escola de Pintura e Escultura, que há pouco se foi desta vida: L.A. Sulerjítski.
>
> Não sei como ele próprio avaliaria sua concepção de mundo interna. Talvez de um modo diferente do que estou

24 L.A. Sulerjítski, *Povesti i Rasskazi*, p. 514.

> fazendo. Talvez ele vivesse inconscientemente esse amor à vida e a cada beleza sua que o levava a trabalhar contente e sofrer com alegria. Mas cada um que conhecia Sulerjítski não apenas sentia essa sua característica como também se contagiava com ela.[25]

Foi precisamente Tatiana Tolstáia quem apresentou Leopold Sulerjítski a Lev Tolstói. Já há algum tempo ela buscava jovens artistas para ajudarem seu pai a ilustrar os livros que ele vinha organizando, com a intenção de publicar algo bom e barato para o povo. Mas, ainda que tivesse apresentado vários colegas seus ao pai, apenas Sulerjítski permaneceu por longo tempo entre a família, fazendo visitas cada vez mais frequentes, nas quais, diz Tatiana[26], ele se deleitava lendo as obras filosófico-religiosas de Tolstói, escutava suas conversas com os vários visitantes, não demorando a se tornar um homem bastante próximo, tanto por suas crenças quanto por suas opiniões.

Ao chegar em Iássnaia Poliana, Leopold Sulerjítski modificou a rotina da família. Era sempre alegre e espirituoso, considerado um ótimo contador de histórias. Suas anedotas engraçadas inundavam de riso e alegria a casa durante as refeições; suas imitações de pessoas, animais, pássaros e até de objetos eram apreciadas por todos. As canções – ucranianas, geoiargianas e judaicas – eram belas e delicadas. Em suma, os familiares de Lev Tolstói conservaram Sulerjítski em sua memória como o "favorito geral": um homem que nunca aborrecia e era sempre capaz de contagiar a todos por seu entusiasmo e alegria.

Nesta sua nova rotina, coube a Sulerjítski reescrever os manuscritos de Lev Tolstói, carregá-los para provas tipográficas e imprimi-los no mimeógrafo. Porém, apesar de seu novo trabalho como copista tomar-lhe toda a tarde, não largava as atividades do campo e a convivência com os mujiques e aproveitava as noites e o verão para ler as obras de Tolstói em voz alta aos camponeses.

25 T. Tolstáia apud L.A. Sulerjítski, *Povesti i Rasskazi*, p. 520.
26 Ibidem, p. 622.

Sulerjítski divulgava as obras de Tolstói, partilhando de seus pontos de vista na sociedade, na família e no trabalho e foi por muitos considerado tolstoísta fervoroso. Mas, de acordo com Elena Poliákova, é preciso tomar cuidado ao chamá-lo desta maneira, uma vez que Lev Tolstói e Leopold Sulerjítski também divergiam em certos pontos[27] e, mais importante do que isso, o diretor teatral não era pregador fanático dos ensinamentos de Tolstói nem o olhava como a um deus.

Leopold Sulerjítski era um homem de ação. Sua natureza inquieta e questionadora o impedia de seguir qualquer homem cegamente. Em 1911, quando Górki se posiciona claramente contra as encenações das peças de Dostoiévski, considerando-as nocivas para a sociedade, Sulerjítski defende o direito de o teatro encená-las, o que, posteriormente, leva Górki a escrever, em uma carta: "Súler é volúvel. Você nunca sabe o que ele vai fazer amanhã: jogar uma bomba ou cantar num coro."[28]

27 Um bom exemplo é o caso relatado por Górki, no terceiro capítulo de *Leão Tolstói*. Aqui, vemos não só a descrição da admiração que Lev Tolstói nutria por Leopold Sulerjítski, como a divergência de opiniões de ambos, em certo sentido. Nas palavras de Górki: "Ele trata Sulerjítski com uma ternura feminina. Gosta de Tchékhov como um pai, neste amor sente-se o orgulho de um criador, porém Súler desperta nele justamente ternura; um interesse e admiração permanentes, que parecem jamais cansar o feiticeiro. É possível que neste sentimento haja algo de ridículo, como o amor de uma solteirona pelo papagaio, pelo cachorrinho ou pelo gato. Súler é não sei que pássaro deslumbrante e livre, de terras desconhecidas. Uma centena de homens como ele poderiam mudar a face e o espírito de uma cidade de província. Eles destruiriam essa face e encheriam o espírito com uma paixão pela desordem violenta e talentosa. [...] Mas, uma vez, ele irritou-se profundamente com Súler; Leopold tendia para o anarquismo, discorria frequente e calorosamente sobre a liberdade individual e Lev Nikoláievitch, nessas ocasiões, sempre caçoava dele. Eu me recordo, Sulerjítski tirou uma brochura magra do príncipe Kropótkin e inflamou-se com ela, e o dia todo falou a todos, filosofando, demolidor. – Ah, Liovuchka, pare com isso, já aborreceu! – disse, com enfado, Lev Nikoláievitch. – Repete como um papagaio sempre a mesma palavra: liberdade, liberdade, mas onde, em que consiste o sentido dela? Se você alcança a liberdade no seu sentido, como imagina que será? No sentido filosófico, é um vazio sem fundo e, na vida prática, você acabará sendo um mendigo, um preguiçoso. O que ligará você que é livre a seu modo, com a vida, com os homens? [...] Cristo era livre, Buda também, ambos tomaram para si os pecados do mundo e, voluntariamente, foram para o cativeiro da vida terrena. E ninguém foi além disso, ninguém. E você, e nós, como somos? Todos nós procuramos liberdade das obrigações para com o próximo, ainda que o sentimento destas obrigações seja o que nos faz seres humanos. Se não existe esse sentimento, vivemos como feras" (M. Górki, *Leão Tolstói*, p. 14-16).

28 E.I. Poliákova, op. cit., p. 191.

Igualmente no caso de Tolstói, que além de não ser visto como um deus era questionado por Leopold Sulerjítski. Górki conta como, certa vez, Tolstói defendia os dukhobors como uma comunidade religiosa, quando foi contrariado: "'E, apesar de tudo, o senhor não está certo disso que está defendendo', disse Súler, de repente, sorrindo. Lev Nikoláievitch lançou-lhe um olhar penetrante e, caindo na risada, ameaçou com o dedo, mas não disse nenhuma palavra."[29]

Leopold Sulerjítski tinha as próprias convicções e o fato de ele não ser um tolstoísta como os outros todos[30] é por mais de uma vez mencionado nas recordações de seus contemporâneos. Tatiana Tolstáia[31] observa como, ao contrário dos tolstoistas em geral, Sulerjítski conseguia estar sob a influência de Tolstói, mas sem perder a sua originalidade. Assim, apesar do pensamento profundo, ele ainda era o mesmo galhofeiro alegre e artista delicado que sempre fora. O mesmo, embora com outras palavras, é lembrado por Mikhail Tchékhov, em seu relato: "Chamavam Sulerjítski de tolstoísta, mas, se fosse assim, então ele era um tipo singular de tolstoísta. Não havia nele nem sinal de fanatismo ou de sectarismo. [...] Tudo o que ele fazia de bem e de bom partia dele próprio, era de seu feitio e as ideias de Tolstói não sobrepunham nele uma marca externa."[32]

Até Lev Tolstói punha em dúvida a questão de Leopold Sulerjítski ser um tolstoísta no sentido usual da palavra: "Bem, que tolstoísta?", disse Tolstói certa vez, "Ele simplesmente é como *Os Três Mosqueteiros*; não um deles, mas os três!" Disse isso, conforme relata Górki, "com total fé em suas palavras, esboçando o mais claramente possível a individualidade de Súler, com seu amor à ação, ao trabalho, à inclinação para a aventura quixotesca e a paixão romântica por tudo o que é belo"[33].

29 M. Górki, op. cit., p. 532.

30 Apesar de ser estimado e respeitado por homens como V. Tchertkov e I. Gorbúnov-Possádov, considerados "pilares" do tolstoísmo, Leopold Sulerjítski não era íntimo deles, nem de qualquer outro tolstoísta. A sua "não passividade" era o que mais os distinguia.

31 Ibidem, p. 522.

32 M. Tchékhov, op. cit., p. 609.

33 M. Górki, op. cit., p. 531.

No entanto, que ele não tenha sido um fanático como os demais não implica na negação da proximidade de Sulerjítski e Lev Tolstói, seus ideais e maneira de olhar para o mundo. Conforme relata Elena Poliákova:

> Então quer dizer que ele não é tolstoísta? – Claro! – E ao mesmo tempo seria profundamente errôneo negar a gigantesca influência de Lev Tolstói sobre Súler, sobre toda a sua vida e visão de mundo. Sulerjítski sempre amou Tolstói – o homem e o artista. [...] Para Sulerjítski, era cara a convicção de Tolstói na necessidade do próprio aperfeiçoamento, a confiança de que cada homem deve fazer de tudo para se tornar melhor, levar às pessoas o auxílio e o bem. Como Tolstói, ele negava o regime estatal da época, baseado na violência e na injustiça. Como Tolstói, ele odiava a burguesia, sua mediocridade jactanciosa; como Tolstói, negava a Igreja, seu ritual, e aspirava seguir o ensinamento de Cristo em sua "pureza" e os evangélicos preceitos de amor fraternal para com o próximo.[34]

Em 1895, Leopold Sulerjítski é convocado a servir no exército e, por influência das ideias de Lev Tolstói, passa a acreditar de todo o coração que a recusa é necessária, já que as guerras só deixarão de existir a partir do dia em que os homens se opuserem a lutar e servir ao Estado[35]. Por essa atitude, Leopold Sulerjítski foi preso no mesmo ano, tendo recebido visitas de Lev Tolstói e de seus familiares.

34 E.I. Poliákova, op. cit., p. 30.

35 Cinco anos depois, Lev Tolstói virá a escrever algo muito semelhante, em *Patriotismo e Governo*, p. 176, no qual critica ferrenhamente a noção que usualmente se tem de patriotismo. Para o escritor, o que está por trás do patriotismo é, não a ideia de amor exclusivo pelo povo ou a coragem de sacrificar a própria vida, mas uma fraude criada por governos criados para praticarem a violência com o próprio povo. Diz ele que: "Só o que desejamos é não fazer aos outros o que não queremos que nos façam. A guerra é consequência inevitável da existência de pessoas armadas. O país que mantém um grande exército permanente cedo ou tarde vai lutar. O homem que se vangloria de sua força em uma queda de braço em algum momento vai encontrar outro homem que se considera o melhor lutador, e eles vão lutar. [...] Não que o povo queira a guerra, mas a classe superior insufla nele o ódio mútuo e faz com que as pessoas pensem que devem entrar ►

Sobre uma das visitas de Lev Tolstói, o ator Evguêni Vakhtângov conta a seguinte anedota:

> Sulerjítski esteve na prisão por sua recusa ao serviço militar. Tolstói visitou-o. Ficaram em silêncio, um de frente para o outro, separados pelas grades.
>
> Tolstói tranquilamente olhava de si para Sulerjítski. Sulerjítski, inclinando um pouquinho a cabeça, docilmente dando uma olhada em Tolstói, esperava. – O senhor está bebendo? – Não.
>
> Silêncio. – Fumando? – Não.
>
> Silêncio. – E as mulheres? – Não.
>
> Tolstói carinhosamente apertou os olhos. Guardou silêncio.
>
> Despediu-se igualmente em silêncio.
>
> Aí está toda a conversa.
>
> Por acaso não é assustador?
>
> Não mate, não roube, não cometa adultérios.[36]

Quando Tatiana Tolstáia foi visitá-lo, ficou impressionada com a maneira como Leopold Sulerjítski era capaz de manter sua alegria mesmo durante um sofrimento daquele tipo. Ele sabia sofrer com alegria, sem esmorecer. Apesar das paredes e daquele ambiente assustador, "Ele estava alegre e jovial como sempre e, dentro de dois minutos, nós tagarelávamos com liberdade, como se nos encontrássemos em nossa querida Escola antiga ou em casa"[37]. Ainda assim, bastou falarem de seu pai, que o havia visitado e implorado para que ele servisse ao exército, para Sulerjítski se entristecer. Afinal, embora fosse contra seus princípios, ele iria cumprir o pedido de seu pai[38].

▷ em guerra para se defender. Pessoas que gostariam de seguir o ensinamento de Cristo são sobrecarregadas com impostos, são ultrajadas, enganadas e obrigadas a participar das guerras. Cristo ensinou a humildade, a docilidade, o perdão das ofensas e nos mostrou que matar é ruim. As escrituras ensinam as pessoas a não cometer perjúrio, mas 'a classe superior' nos obriga a jurar falsamente pelas Escrituras em que não acredita."

36 E. Vakhtângov, Vospominania o Sulerjítskom, em L.A. Sulerjítski, *Povesti i Rasskazi*, p. 56.

37 T. Tolstáia, op. cit., p. 523. Refere-se aqui à propriedade de Moscou de Lev Tolstói.

38 Sobre isso, Tatiana Tolstáia (op. cit., p. 523), escreve: "Todo homem honrado que tenha sido obrigado a se submeter ao desejo de pessoas próximas em nome do amor e com ▶

E cumpriu, optando por servir ao exército. Mas, como afirma Elena Poliákova, o próprio Lev Tolstói viu que não cabia a Sulerjítski tomar o papel de mártir e compreendeu a decisão de servir ao exército a pedido do pai. Assim, escreveu-lhe a seguinte carta entre 15 (27) de janeiro e 18 de fevereiro (1º de março) de 1896:

> Caro Leopold Antônovitch,
>
> Sofri com o senhor de todo coração ao ler sua última carta. Não se aflija, caro amigo. A questão não é o que o senhor fez, mas aquilo que o senhor tem na alma. O importante é esse labor que se realiza na alma, aproximando-o de Deus; e eu estou convencido de que tudo isso que o senhor tem passado não o afastou, mas o aproximou dele. Uma conduta e essa situação na qual se coloca um homem por causa da conduta perfeita não possui por si só nenhum sentido. Cada conduta e a situação na qual o homem se coloca em consequência dela tem sentido apenas pela luta que provém da alma, pela força da tentação contra a qual se deu a luta, e o senhor teve uma luta terrivelmente difícil, na qual elegeu aquilo que deveria eleger. Não falo por brincadeira, mas com sinceridade, que em seu lugar eu com certeza teria agido tal como o senhor, pois me parece que é exatamente assim que eu deveria agir. Pois tudo o que o senhor fez, renunciando ao serviço militar, o senhor fez para não violar a lei do amor, mas o que viola mais o amor: tornar-se soldado ou permanecer frio diante dos sofrimentos de um velho?[39]
>
> Acontecem tais dilemas terríveis, e apenas a nossa consciência e Deus sabem se fizemos e estamos fazendo isso que fazemos para nós mesmos, para a nossa personalidade ou para Deus. Tais situações, se são eleitas com certeza para Deus,

▷ isso renunciar à exigência de sua consciência consegue compreender como ele sofria ao aceitar esse compromisso. Ele nos escreveu sobre isso."

39 O velho: Anton Matvéevitch Sulerjítski, que estava vindo de Kiev para encontrar o filho, e que estava implorando a ele para concordar em servir ao exército. (N. da E. russa.)

acontecem inclusive vantajosamente: nós decaímos na opinião de pessoas (não das pessoas próximas, dos cristãos, mas da massa) e, com isso, apoiamo-nos mais solidamente em Deus.

Não se entristeça, querido amigo, e alegre-se com essa prova que Deus lhe enviou. Ele nos envia provas de acordo com as forças de cada um. Por isso, empenhe-se em corresponder à expectativa que Ele tem no senhor. Não se desespere; não se desvie deste caminho pelo qual está indo, só porque esse é um caminho estreito; concentre-se cada vez mais no desejo de conhecer a vontade dele e cumpra-a, não prestando atenção na própria situação, e, principalmente, não prestando atenção naquilo que pensam as pessoas. Seja apenas humilde, sincero e afetuoso e como que não parecerá complicada essa situação na qual o senhor se encontra: ela própria se desembaraçará. A situação é mais difícil quando a balança oscila e você não sabe qual prato pesa mais – o senhor já vivenciou isso. Continue assim, a viver amavelmente, tal como o senhor vivia com os que estão ao seu redor – humildemente, sinceramente –, e tudo ficará bem.

Lev Tolstói

Amo-o incomparavelmente muito mais agora – depois do sofrimento que o senhor suportou – do que amava antes.[40]

40 A firmeza e a renúncia de Sulerjítski ao serviço militar produziram grande impressão em L. Tolstói. Em 30 de novembro de 1895, ele escreveu a E.I. Popov: "Uma pena o senhor não ter visitado agora o sofrido Sulerjítski. Estive com ele duas vezes e me surpreendi com sua simplicidade, calma e benevolência. Ele tem uma revolução interior verdadeira e é bom por toda a parte." É interessante a carta de L. Tolstói para A.A. Shkarvan, um médico austríaco que também renunciou ao serviço militar e que publicou o livro *Minha Recusa ao Serviço Militar: Anotações de um Médico de Guerra*: "Suas anotações ainda me tocaram particularmente, porque agora, em Moscou, encontra-se no hospital militar, na seção dos doentes mentais, nosso jovem amigo Sulerjítski, ex-artista que, tal como o senhor, renunciou ao serviço militar. É admirável que a posição das autoridades com relação a ele, e dele com relação às autoridades, seja quase a mesma, tanto na Rússia quanto na Áustria. Ele escreveu anotações na época de sua prisão e eu pedirei a meus amigos um exemplar e enviarei ao senhor. Surpreendentemente, apesar da diferença na natureza da situação, há unidade no estado interior: há movimentos morais." (N. da E. russa.)

Nesta carta, fica evidente o quanto Lev Tolstói compreende a busca de Leopold Sulerjítski por não ferir as leis do amor. Aliás, o que o escritor mais admirava em Sulerjítski era justamente o amor que ele nutria pelos demais. Em uma de suas conversas com Anton Tchékhov, Tolstói disse, certa vez: "Aí está Súler: ele possui, de fato, uma valiosa capacidade de amar as pessoas desinteressadamente. Por isso ele é genial. Saber amar significa saber tudo."

Quando ocorre, na Rússia, o famoso caso da transferência dos dukhobors para o Canadá – questão que agitava fortemente a Rússia desde 1895 –, Sulerjítski tem a oportunidade de vivenciar todo esse seu amor desinteressado.

Em 1895, os dukhobors desafiaram o Estado, recusando-se ao alistamento militar e à prática de quaisquer atos violentos. Como consequência, as autoridades entenderam que se tratava de uma rebelião e enviaram soldados cossacos para sufocá-la. As comunidades dos dukhobors foram cercadas e espancadas durante horas pelos cavaleiros cossacos, tendo além disso as terras confiscadas, as casas saqueadas, os líderes presos e cerca de sete mil pessoas banidas para aldeias distantes[41].

Lev Tolstói, que já os conhecia, mobilizou-se, escreveu manifestos e, por meio de seu discípulo Tchertkov, conseguiu que fossem transferidos para uma área despovoada do Canadá, único país a oferecer-lhes abrigo. Teve então de levantar fundos para a viagem, escreveu cartas, pediu doações e, por fim, não sendo isso suficiente, publicou *Ressurreição*, em 1899, abdicando dos direitos autorais em favor da empreitada que salvaria a vida dos dukhobors.

Diante desses episódios, em 4 (16) de julho de 1898, Leopold Sulerjítski escreve a Lev Tolstói:

> Caro Lev Nikoláievitch, soube que os dukhobors vão se mudar e que logo virá de Batum o primeiro navio. [...] Ficaria feliz se o senhor me ajudasse a ficar por lá (no Cáucaso) entre eles e

41 R. Figueiredo apud L. Tolstói, *Ressurreição*, p. 8.

> acompanhá-los até o navio de destino, se aí for necessário um homem. Parece-me que lá eu seria de certa utilidade, mas não sei sobre as circunstâncias e gostaria de aconselhar-me com o senhor. [...] Falo inglês (ainda que mal), conheço o mar e a vida portuária e os preços dos alimentos, e, o principal, sinto que minha consciência e todo o meu ser exigem de mim que esteja com eles e os ajude no que de mim precisarem.[42]

A estas linhas, Lev Tolstói responde em 13 (25) de julho de 1898: "Ficaria muito contente se o senhor se juntasse aos dukhobors, penso que o senhor lhes seria útil. Escrevi-lhes sobre o senhor. Se responderem que precisam de um homem assim, será preciso escrever uma carta a Golítsyn, a qual o senhor deverá entregar-lhe, para que ele lhe dê a permissão de estar com eles."[43]

Posteriormente, Leopold Sulerjítski consegue a autorização e parte para a América, onde irá permanecer com os dukhobors por dois anos, antes de voltar para a Rússia sem um vintém sequer. Mas sabendo que fez o que deveria, pois, muitos anos depois, Sulerjítski dirá em meio a uma conversa que: "No que se refere a minha vida, então apenas uma vez me senti absolutamente satisfeito em minha ocupação. Isso foi quando conduzi os migrantes para o Canadá. Isso sim! Isso foi verdadeiro!"[44]

Sim. Foi verdadeiro. E reconhecido. No livro de Poliákova, encontra-se uma carta escrita por Potápov, um dos guias dos dukhobors, que nessa época se encontrava no Canadá. Ele escreve a Sulerjítski – que está na Rússia –, solicitando auxílio na transferência de Fiódor Semiónovitch Aríschenkov para o Canadá, pois Fiódor se encontra sozinho, doente e longe de seus pais. Antes de finalizar a carta ele diz:

> Querido Lev Antônovitch! Nós sabemos que Deus o criou especialmente para tais trabalhos e nós sabemos que você é o único dos nossos amigos que pode fazer isso.

42 L. Sulerjítski, op. cit., p. 387-388.
43 Ibidem, p. 388.
44 V. Bulgákov, *O Tolstom, Druzia i Blizkie*, disponível em: <http://az.lib.ru/>.

É claro que você pode dizer: "Eu não sou um pássaro, não posso levá-lo nas asas a uma longa distância tal como está a Sibéria, é difícil prestar ajuda", mas, apesar de tudo, nós acreditamos que você pegará para si o trabalho e fará o que for possível.[45]

Toda a correspondência de Leopold Sulerjítski e Lev Tolstói trocada antes e durante a transferência dos dukhobors ao Canadá conserva-se atualmente no Museu de Lev Tolstói, em Moscou. E a partir da primeira carta, quando Sulerjítski pede que Lev Tolstói aceite sua ajuda, é visível a sua estima pelo escritor:

> Perdoe-me se lhe escrevo uma carta, eu nunca me permiti roubar sua atenção, mas, uma vez que já a escrevo, vou aproveitá-la também com outro objetivo. Eu quase nunca consigo expressar e nem lhe expressei esse amor e gratidão que sinto continuamente em relação ao senhor por essa luz que acendeu em minha alma. Sem o senhor, eu não saberia nada, haveria o escuro, a confusão, e frequentemente seria tão difícil que eu estaria próximo ao suicídio. E se hoje eu não sou melhor, sou do mesmo modo sórdido e sofro com isso; em compensação, eu sei que há uma luz que tanto me aquece quanto ilumina e o sofrimento já não é irremediável, e eu posso viver e me regozijar com uma alegria boa e pura. Posso viver e morrer tranquilamente, sabendo para que "existo".
>
> Caro Lev Nikoláievitch, estou perturbado até as lágrimas ao escrever estas linhas, já que o amo muito, muito, e não consigo dizer tudo isso e nem saberei jamais fazê-lo.[46]

Tais sentimentos, isto é, toda essa estima e admiração só cresceram cada vez mais daí por diante. E foram suficientes para que

45 L.A. Sulerjítski, *Povesti i Rasskazi*, p. 399.

46 A carta já citada neste trabalho, datada de 4 (16) de julho de 1898. Essa carta, que começa falando de um possível auxílio a ser prestado aos dukhobors, termina com as palavras que utilizamos.

Leopold Sulerjítski compreendesse o porquê de Lev Tolstói ter fugido de Iássnaia Poliana, já bastante velho e doente, em 1910. Sulerjítski sabia o quanto Lev Tolstói desejava passar tranquilamente seus últimos dias de vida[47], e talvez tenha sido essa a razão de seu comentário feito durante o seguinte episódio, ocorrido na escola de Adáchev, na época da fuga de Lev Tolstói, e narrado posteriormente por Vakhtângov:

> nós estávamos sentados ao redor da mesa, na classe, em uma aula de Sulerjítski.
>
> O palco da escola estava fracamente iluminado.
>
> Na própria sala havia penumbra
>
> Leopold Antônovitch falava baixinho sobre algo.
>
> Súbito, passa Adáshev. – Senhores, Tolstói sumiu de Iássnaia Poliana.
>
> No peito, algo se agitou.
>
> Nós não compreendemos nada.
>
> Sulerjítski soergueu-se.
>
> Nós olhamos para ele.
>
> Silêncio.
>
> O rosto de Sulerjítski se iluminou: ele compreendeu. – Ah, Lev Nikoláievitch, como isso é bom! Como é magnífico!
>
> Finalmente – disse ele, entusiasticamente, em meio ao silêncio.
>
> Nós todos permanecemos em silêncio.
>
> Ficamos de pé por muito tempo.
>
> E o silêncio foi longo, impregnado, solene e assustador[48].

A manifestação desta alegria com o sumiço de Lev Tolstói é prova do quanto Sulerjítski compreendia os anseios mais profundos de seu mestre. Ele sabia como era penoso a Lev Tolstói continuar em

47 O livro *Tolstói: A Fuga do Paraíso*, de Pável Bassínski, é uma narrativa bastante contundente acerca deste acontecimento.

48 E. Vakhtângov apud L.A. Sulerjítski, *Povesti i Rasskazi*, p. 577.

meio às brigas e desentendimentos diários que ocorriam em Iássnaia Poliana. E que Lev Tolstói precisava encontrar essa paz tão desejada antes de partir para sempre.

A compreensão fica ainda mais evidente se olharmos para a carta que Leopold Sulerjítski escreve a Constantin Stanislávski e sua esposa, Lílina, dez dias após a morte do Tolstói[49]:

> Tolstói foi enterrado.
>
> Da última vez, atravessei com ele da estação até a casa por um caminho que eu conhecia entre os bosquetes de bétulas.
>
> Aqui, na encruzilhada do caminho e na estrada de Tula, eu me lembro que o cavalo no qual ele ia estacou e nós trocamos de cavalos. Depois, à tarde, lá na pontezinha, eu me lembro que conversávamos sobre Tchékhov e Górki; estava silencioso, caía a noite e nas isbás os camponeses de Iássnaia Poliana acendiam os fogos, e no estreito fosso turvo a água resplandecia, refletindo o céu; estava silencioso, deserto.
>
> Agora, aqui, esteve o cinematógrafo e matraqueava, fotografava o caixão no qual ele era levado pelos camponeses, um coro de cem rublos bramia o "Glória Eterna" e entre a multidão negra compactada era visível o bastão com lenço que o regente agitava.
>
> Estudantes, universitários, representantes e delegados em paletós pretos com golas de pele de carneiro – todos se fazendo desta forma parecidos uns com os outros – formavam uma multidão de vários milhares de pessoas se estendendo pelo caminho. Os mesmos responsáveis gritavam "mais espaço, mais espaço", como sempre acontece nos enterros de líderes visíveis; fotógrafos, cinematógrafos, guardas e cossacos pulavam de ambos os lados, surgindo com capotes cinzas entre as bétulas.
>
> Era incomum apenas o montículo de peliças curtas amareladas entre a multidão negra carregando o caixão e indo

49 Tolstói morreu em 8 (20) de novembro de 1910.

parcialmente adiante dele. E, além disso, a ausência dos popes, dos incensos e dos demais atributos.

A multidão não me incomodou, mas, na minha opinião, em nenhum lugar ela esteve tão alheia a alguém que enterrou como esteve alheia a Tolstói. Assim me parecia.

Atrás do caixão, com a multidão comprimida, iam seus amigos, também de sobretudos pretos com golas de pele de carneiro; todos nós, de diferentes cantos da terra, nos reunimos, já velhos, com cabelo grisalho, com rugas e me pareceu que esse rio negro com um caixão amarelo ondulando sobre ele era a própria vida, fluindo como um rio, levando-nos também com sua correnteza, obrigando com sua potente força a irmos junto com ele por sua corrente, para lá, para onde é preciso ir.

Isso lembrou toda a nossa juventude, todos os nossos ímpetos, os esforços, até os sacrifícios e como tudo foi rompido e levado com a torrente da vida, todas as nossas tentativas de ir contra a sua corrente. Como todos enfraquecemos, rendemo-nos e nos despedaçamos e corremos com os destroços negros para onde fomos levados. E apenas ele, sozinho e cada vez mais forte, foi continuamente adiante e com toda a força da sua alma até o fim da vida. E apenas morto ele volta atrás, deixando aqui seu corpo, que não pôde amadurecer por trás da alma e que, justamente por isso, foi por ela abandonado.

Lembro como há muito ele, certo dia, estava falando sobre o próprio corpo. "Habitou em mim esse Lev Nikoláievitch e não deixa ir a nenhum lugar; esse morador me aborreceu terrivelmente."

Trouxeram-no para casa e puseram-no naquele quarto em que ele quase se enforcou na viga entre os armários, no tempo de sua reviravolta espiritual.

Agora, aquilo que foi L.N. ou aquilo em que estava L.N jazia silencioso e, diante dele, iam milhares de pessoas e com uma reverência terrena despediam-se dele, passando com a longa fila de uma porta para outra. Eu fiquei de pé junto ao caixão o tempo todo e não conseguia me apartar desta fronte querida, da boca bondosa e oculta pelos bigodes em vida, da mão conhecida, na qual eu conhecia cada unha.

"O grande": assim sentiam-no o tempo todo, ainda mais agora do que durante a vida. Mas quando eu me lembrei de como ele amava as piadas e as canções e de como gargalhava enfiando as mãos no cinto com um riso infantil, diante de mim veio à tona o outro, que apenas eu e mais alguns conhecemos. E como foi doloroso perder isso.

O grande ficou e se conservará para sempre, e por isso ele não foi perdido, não se foi; mas aquele, o bom, o amigo, o terno e carinhoso, o dócil e paciente já não existe e nem existirá.

Aquele que sofreu, que soluçava cobrindo o rosto com as mãos, como uma criança, pelo sofrimento espiritual e pelos insultos que suportava para si, em casa, de pessoas próximas, no ano de 83, aquele já não existe. Não é possível acariciá-lo, nem ter pena, nem consolar, nem acalmar.

Ele queria ir embora silenciosamente, imperceptivelmente, sem incomodar ninguém, mesmo que perto do fim da vida sair das condições odiosas para sua consciência, mas foi obrigado a fugir durante a noite, na escuridão, com um homem fiel[50], fugir não se sabe para onde, por um caminho acidentado, debaixo de chuva, andar sem rumo certo.

Que terrível solidão! Chegar à estação e não saber para onde seguir. Um homem que estava conquistando todo o mundo, um velho de 83 anos senta-se à noite num apeadeiro longínquo e fedorento e pensa, para onde fugir: para o sul, o norte, o leste ou o oeste? E foge mais adiante com o primeiro trem, esperando discutir pelo caminho onde buscar abrigo

50 Provável referência ao doutor que acompanhou Lev Tolstói em sua fuga. Cf. P. Bassínski, op. cit.

para si. Mas se não souberam amá-lo e protegê-lo, então o que é possível fazer?

E todos nós deixamos escapar esse momento pois não o amamos tanto quanto era preciso amá-lo. Vimos nele demasiadamente "o grande" e nos esquecemos do velho, que estava precisando tanto de carinho quanto de amor e atenção. E quando eu me lembrava disso tudo, era de maneira dolorosa, vergonhosa e, portanto, amarga.

Agora, todos nós nos reunimos ao redor dele, todos chegaram e ficaram olhando o que foi perdido, mas agora nós não somos necessários a ele. É tarde.

Eu encontrei um livrinho no qual ele escreveu: "Para L. Sulerjítski, em sinal de amizade – Tolstói"

E eu até tinha me esquecido de que havia tal livrinho, que havia tal inscrição. Eu lembrava apenas do "grande" e havia esquecido completamente aquele que foi o amigo!

Entre as árvores enormes, os mujiques cavaram um profundo buraco, assim à meia versta da casa. Aqui, o velho, quando ainda era um menino, brincava com o irmão, Nikolenka, que ele considerava uma das pessoas mais extraordinárias. Nikolai pegou um pauzinho verde, esculpiu nele uns certos sinais, significando que na terra se tornariam todos felizes, as pessoas amariam umas às outras e ultrapassariam toda a desgraça humana, e eles enterraram esse pauzinho aqui, sendo que, quando o desenterrassem, então todos se realizariam desta forma na terra.

"Quando eu morrer, será preciso me enterrar em algum lugar, então me enterrem aqui, onde está este pauzinho verde, em memória de meu irmão, Nikolenka", assim falava Lev Nikoláievitch, passeando ao lado destas árvores. Aqui, baixaram o caixão. Logo, cobriram com terra, cresceu o montinho, a multidão de vários milhares ficou de joelhos, em silêncio. Depois, colocaram coroas de louros, vivazes, resistentes. Amontoaram-se. No bosque, começou a escurecer. A multidão partiu do silêncio para o lugar de onde veio – para a cidade, com os bondes, as fábricas e as indústrias – e o silêncio reinou. O bosque enegreceu, reluziam apenas pedacinhos de céu no alto, os topos das árvores murmuravam com um eterno rumor.

Na escuridão, reluziam as faixas no túmulo, tão incompreensíveis neste bosque denso e selvagem. Quando as últimas figuras de preto com golas de pele de carneiro partiram, tornou-se visível que o túmulo estava cercado por uma fileira de cavaleiros cossacos e de guardas. Todos permaneciam imóveis, ao longe, em um círculo cerrado e silencioso. Fez-se ouvir um breve burburinho e, de repente, o clamor unânime de uma centena de peitos: – Às suas ordens, Vossa Excelência! – e levando um eco selvagem pelo arvoredo, conforme me pareceu, todas as árvores simultaneamente estremeceram com esse clamor. – Para casa – estendeu-se uma voz. Ouviu-se um ruído de cascos, o tinido de uma arma e, dentro de alguns minutos, tudo ficou silencioso.

Escureceu completamente, a noite avançou com seus farfalhos e suspiros. Ao lado do túmulo, acendeu-se uma fogueira e se fizeram visíveis dois mujiques, um velho e um jovem, que permaneceram aqui para pernoitar.

Agora, já está um silêncio absoluto. Estes não incomodam. Eles são assim como essas árvores, como a própria noite, cobrindo o mundo inteiro com sua negra cortina silenciosa.

Eu fui até a casa, pelo caminho alcancei algumas damas de salto alto, que mancavam pela terra gelada coberta por montículos dispersos, entre as árvores que ele próprio plantou, certa vez.

Na casa, todas as janelas brilhavam. Na sala, a mesa comprida, como sempre. Sua poltrona, na qual ele gostava de se sentar, seus retratos, rostos conhecidos à mesa, o conhecido murmúrio.... mas não estão sentados e não estão falando tal como sentavam e falavam, quando ele estava aqui.

Percorri todos os quartos, examinei todos os cantos, sentei-me em sua poltrona. E assim parecia que agora ele ia entrar.

Todos os velhos amigos do passado se juntaram e calmamente se lembraram dele e decidimos que todos os anos, no dia sete de novembro, vamos nos reunir em sua memória, com Alessandra Lvovna.

Depois eu fui embora, às doze horas da noite, como sempre ia antes. Mas tive a impressão de que eu já não vou mais voltar lá.

Conforme procuramos demonstrar neste capítulo, toda a correspondência trocada entre Lev Tolstói e Leopold Sulerjítski bem como as anedotas e recordações que deixaram um sobre o outro refletem não apenas suas interrelações como também uma parcela da personalidade de cada um deles, a época em que viviam e os problemas pelos quais a sociedade russa passava. Se vimos, neste trabalho, um Tolstói preocupado com o amor, a justiça e a igualdade – tal como vemos em outros textos seus já divulgados em língua portuguesa –, não é menos significativo entrarmos em contato com uma das tantas facetas de Leopold Sulerjítski – faceta essa até então desconhecida no Brasil –, que aparece, aqui, como um homem de ação, com suas convicções, disposto a servir, amar o próximo e fazer o bem. Tais aspectos prenunciam as características centrais que Sulerjítski desenvolverá em seus trabalhos realizados no teatro, ao lado de Constantin Stanislávski.

Dialogando Com K.S.

Se houve algo que verdadeiramente uniu Constantin Stanislávski e Leopold Sulerjítski foi a maneira como ambos olhavam para o teatro. Tinham consciência de sua missão como artistas. E da necessidade premente de lutar por um teatro no qual o próprio artista tivesse também a consciência desta sua missão.

Em uma de suas anotações de diário, Leopold Sulerjítski fala sobre sua crença num teatro que é templo e um ator que é sacerdote, quando diz": "Faz pouco tempo que o ator se livrou do desprezo, e foi algo muito pequeno, mas antes que ele alcance a condição de sacerdote e o teatro a condição de templo, ainda será preciso fazer muito, muitíssimo."[51]

Essa ideia do teatro como templo é uma noção bastante cara a Constantin Stanislávski. Desde suas anotações de 1907 e 1908, Stanislávski fala sobre como nossa vida é suja e grosseira, e como é uma grande felicidade para o ser humano encontrar um lugar onde possa viver para seus melhores sentimentos e desígnios da alma[52]. Esse lugar, que no caso do sacerdote é o altar, não poderia ser outro para o ator senão o próprio teatro.

Foi precisamente por um teatro deste tipo, guiado por um ator-sacerdote com ideias puras, pensamentos elevados e sentimentos nobres, que Leopold Sulerjítski e Constantin Stanislávski lutaram no decorrer de suas vidas. Embora soubessem que ainda seria "preciso fazer muito, muitíssimo" e tivessem a consciência de que muitos atores costumam sujar e manchar justamente o ambiente que deveriam respeitar e conservar com grande pureza, ambos lutavam por esse objetivo de um teatro-templo, de um teatro em que o ator reconhece a sua missão e deseja purificar o seu espaço de trabalho.

Esse desejo por um teatro-templo estava ligado à busca pela perfeição. Cada um dos trabalhos que eles realizavam em conjunto era guiado pela sensibilidade artística e pela vontade de manter o valor artístico das obras encenadas, não somente na apresentação da estreia, como em todas as demais. No caso de Leopold Sulerjítski, essa característica é visível nos primeiros trabalhos que ele realizou como assistente do TAM e pode ser exemplificada com o caso da encenação de *O Pássaro Azul*, de Maurice Maeterlinck.

51 L.A. Sulerjítski, op. cit., p. 372. (Anotação sem data. Escrita entre 1913 e 1914.)

52 Cf. C. Stanislávski, *Trabajos Teatrales*, p. 78-98.

A peça já havia chegado à sua septuagésima oitava apresentação quando Leopold Sulerjítski nota que algo está errado. A peça vem perdendo sua força, de alguma maneira. O espetáculo, que inicialmente vinha sendo o preferido geral do teatro, tanto dos diretores principais quanto dos atores do TAM, sofria agora de uma espécie de "fuga" por parte de todos. O mesmo elenco que antes pedia insistentemente por um papel, ainda que fosse o menor, agora fugia do espetáculo "como se foge de uma peste", para utilizar as palavras do próprio Sulerjítski.

Para tentar resolver essa questão, Leopold Sulerjítski escreveu um artigo para o *Jornal de Espetáculos*, em 20 de fevereiro de 1909. Nesse artigo, intitulado "Septuagésima Oitava Representação de *O Pássaro Azul*", ele partiu destes apontamentos para tentar responder a uma questão:

> De que maneira manter o valor artístico da interpretação de uma peça que se apresenta tantas vezes como *O Pássaro Azul*?
>
> É preciso refletir sobre isso, é necessário elaborar certos meios que possibilitem manter o valor artístico da interpretação da peça; isso é indispensável, urgente e de primeira importância. Na minha opinião, não se trata de uma questão particular, mas do futuro do Teatro de Arte e talvez até mesmo da sua existência.
>
> A glória, o nome e a significação do TAM não se deram imediatamente: foram conquistados com uma luta terrível e, para isso, foi preciso tempo. Quando trabalhavam no TAM, é pouco provável que esperassem que um pequeno grupo de pessoas que trabalhava em um galpão em Púshkino e atuava no Clube de Caçadores, bem como esse teatro, fosse ter posteriormente tal significação para a história da arte russa e estrangeira, transformando-se numa instituição imensa de quatrocentos homens, com um movimento de meio milhão. Para nós, o vigésimo, o trigésimo ou o quinquagésimo espetáculo como que não são importantes: para nós é apenas um "trabalho", quase o

cumprimento do serviço militar. E, entretanto, a Rússia vê precisamente estes espetáculos. [...] E o que nós damos? À exceção de poucos atores do espetáculo (por alguma razão os que têm pequenos papéis), os demais estão gradualmente se tornando não "criadores", mas, como Constantin Serguiêievitch avalia esse tipo de intérprete, "informantes" do papel.

E é preciso dizer: informantes muito ruins. Isso nós não podemos ser. As palavras voam com uma velocidade inacreditável, eu escuto apenas o começo da frase e, na esmagadora maioria dos casos, não escuto o seu final. As deixas chegam antes do término das palavras precedentes; as transições se fazem antes de acontecer aquilo que deve levar a uma ou outra transição.

Juntamente com uma ênfase incrivelmente comum surgem certas entonações místico-enigmáticas de procedência inexplicável. Papéis inteiros são agora conduzidos numa elevação teatral vazia, na qual não há possibilidade de descobrir qualquer sentido.

Geralmente – para me expressar em uma palavra –, por mais que pareça estranho, a ausência surpreendente de conteúdo surge como traço característico do intérprete de cinquenta espetáculos, "Makarov-Zemlianski"[53], como diz Constantin Serguiêievitch. É fastidioso e enfadonho, nada disso é necessário.

O que salva é a fascinação: o Teatro de Arte de Moscou.

Por quanto tempo ela será suficiente?

Toda essa execução medíocre com todo o seu peso pousa sobre uma gaivota fixa a uma cortina de cor cinza.

Não estamos colocando demasiado peso sobre suas maravilhosas, mas frágeis, asas? Ela não voaria para longe de nós? Pois ela é um pássaro livre.

Eu me permiti falar de forma ríspida sobre a execução porque já vi e conheço a autêntica e artística apresentação

53 Referência a uma conhecida personagem russa.

destes mesmos rostos e até dos mesmos papéis, e, portanto, é meu dever falar disso a vocês da forma que eu entendo. Falo agora não como o diretor da peça, mas como um colega de ofício, como uma pessoa que estima o teatro.

A salvação do teatro está em tudo o que ele pode colocar no decorrer da temporada de uma peça apresentada 78 vezes, mas também nisso pode estar o perigo da sua destruição, caso não se permita questionar a preservação do trabalho artístico em todos os 78 espetáculos.

Se disserem, o que é comum, que não se pode vivenciar o papel 78 vezes, isso não vai esgotar o assunto. Por que então, por exemplo, Khaliutina, Koonen e Kartsév e outros mais preservaram o desenho de papel em todos os 78 espetáculos?

Por que em N.F. Baleva, apesar de uma ou outra direção, o papel se desenvolve, torna-se mais forte e interessante, mas em uma atriz experiente, dilui-se e empalidece? Por que após os primeiros espetáculos as observações do diretor quase não se aplicam aos atores?

É necessário debater e repensar todos estes e outros "porquês" e encontrar respostas para eles.

Enquanto não for feito isso, o risco é inevitável.

Perdoem-me se não me aprofundei no tema, só citei alguns exemplos tanto do lado positivo quanto do negativo da questão, mas eu só queria ilustrar minha posição sem a intenção de fazer avaliações dos intérpretes isoladamente. Espero que me desculpem. Eu só queria chamar a atenção à gravidade do assunto.

Pessoalmente, não estou muito convencido de tal necessidade indubitável da existência dos teatros em geral, o teatro não se constituiu na minha vida em alfa e ômega, por isso ainda quero assinalar para um lado da questão, embora talvez vocês mesmos tenham prestado atenção a ela. Pensem, quanto custa fazer um espetáculo, vamos dizer, uma peça como *O Pássaro Azul*?

> Quanto nervosismo dos diretores e atores, quanto esforço e períodos difíceis, e até crueldades, cabem às pessoas que participam de uma peça [...] As pessoas de noite aplainam numa oficina, soldam alguma coisa, forjam na fumaça da fornalha, os técnicos arruínam seus olhos para toda a vida, trabalhando diante das lanternas de projeção, os pintores definham no sufocante ar das oficinas, respirando o pó tóxico das pinturas, alfaiates, costureiras, moldadores – todo um exército de pessoas, as quais, mesmo que não se dediquem à concepção artística de tudo, dão sua vida para a criação da peça. [...] Nós pagamos todos os operários. Não vale a pena falar disso, aqui não é o lugar. Só uma evidência – nenhum de nós trocaria de lugar com eles voluntariamente. [...] Tudo está em ordem: a música toca, o veludo preto desce, levanta-se, os cronótopos passam rapidamente, os atores falam, gritam e movimentam as mãos.
>
> A fábrica está em pleno andamento.
>
> Por acaso isso não é estranho?
>
> Onde está a vida? Como recuperá-la? Como segurá-la? [54]

É inevitável não parar aqui para fazer parênteses no que diz respeito à semelhança desse texto de Sulerjítski com o que diz Tolstói, no primeiro capítulo de *O Que É Arte?*, quando entra em questão o fato de a arte consumir muito do trabalho das pessoas sem uma necessidade verdadeira:

> De forma que a arte, que consome enorme quantidade de trabalho e de vidas humanas e desfaz o amor entre as pessoas, não apenas não é uma coisa firme e claramente definida como é entendida de maneiras tão contraditórias por seus amantes que é difícil dizer o que é geralmente compreendido como arte, especialmente como arte boa e útil, em nome da qual os sacrifícios poderiam com justiça lhe ser oferecidos.[55]

54 *Povesti i Rasskazi*, p. 333-337.
55 L. Tolstói, *O Que É Arte?*, p. 27.

Ao ler esse artigo-desabafo de Súler, Stanislávski coloca-se inteiramente de acordo e expõe:

> O protocolo expressa maravilhosamente meus receios e tormentos. Será uma pena muito grande se os colegas se referirem a ele com frieza ou hostilidade. [...] Seria um erro pensar que esse protocolo é um exagero... [...] E é terrível.... Lev Antônovitch não fala nenhuma palavra sobre negligência, sobre ausência de disciplina, falta de boa vontade. Pelo contrário. Quer dizer, além da disciplina e da ordem, há algo a mais que pode arruinar o trabalho artístico.[56]

De fato, Constantin Stanislávski e Leopold Sulerjítski estavam de acordo em muitos aspectos. Se assim não o fosse, não teriam permanecido tão próximos por tanto tempo. Mas vale ressaltar que, como em tudo na vida, ambos tinham seus momentos de discórdia.

Exemplo disso é a questão da palavra, exposta em uma página de diário de Leopold Sulerjítski:

> STANISLÁVSKI: Mas para que palavras? Sem palavras, é possível transmitir com maior sutileza diferentes sentimentos. Por exemplo, que atriz transmitiu em cena sentimentos mais exatos do que Duncan? Se compararmos Duncan e Duse, então eu prefiro Duncan. O teatro deve atingir essa arte e desenvolvê-la a tal ponto que transmita tudo sem palavras.
>
> SULERJÍTSKI: Isso está completamente errado. O teatro do drama é aquele tipo de arte cênica, um meio no qual há não apenas os sentimentos, mas também os pensamentos, as ideias: e onde entram os pensamentos, onde o ator deve contagiar o público e reproduzir não apenas os sentimento, mas também os pensamentos, aí a palavra é imprescindível; além disso, as palavras por si só, juntamente com outras formas

56 E.I. Poliákova, *Teatr Sulerjítskovo*, p. 147.

> de expressão dos pensamentos e ideias que as auxiliam, possuem ao mesmo tempo a capacidade de serem belas, é possível aproveitá-las como matéria da arte, como se faz na poesia. Elas têm música, ritmo, estilo de língua do autor etc., sem falar na voz, esse delicado material para a arte. Se as palavras são rudes no palco, nisso os culpados são vocês, as pessoas do teatro, e não a palavra em si. Isso quer dizer que vocês ainda não encontraram um modo de pronunciar as palavras, expressar os sentimentos e pensamentos com as palavras.[57]

A partir daí, Leopold Sulerjítski, que polemiza com Constantin Stanislávski desde a primeira linha, continuará a tratar desta questão, desenvolvendo argumentos para defender seu posicionamento. E dizendo algo que lembra muito a fala de Nemiróvitch-Dântchenko[58], quando este diz que a palavra se encontra completamente abandonada e que os atores deveriam aprender a utilizá-la para que chegasse e servisse ao público, em vez de deixá-la de lado.

Muito poderia ser dito aqui sobre a questão da palavra no teatro. A coletânea *O Signo Teatral: A Semiologia Aplicada à Arte Dramática* é um exemplo. Contando com artigos de Ingarden, Bogatyriov, Honzl e Kowzan, quatro estudiosos da semiologia, essa coletânea apresenta as mais variadas visões da questão da palavra no teatro. Enquanto para Roman Ingarden a palavra ocupa lugar central junto do público, para Petr Bogatyriov o teatro é uma arte sígnica por excelência e não precisa essencialmente da palavra para existir – uma visão que estaria mais próxima à de Stanislávski no caso desta página de diário a que recorremos.

Mas se Bogatyriov está de alguma forma próximo a Stanislávski por seu pensamento – neste momento específico, que fique claro; pois Stanislávski, posteriormente, também dará grande atenção à questão da palavra –, é Tadeus Kowzan quem mais se aproxima

57 L.A. Sulerjítski, *Povesti i Rasskazi*, p. 352.

58 V. Nemiróvitch-Dánchenko apud S. Jiménez, *El Evangelio de Stanislavski Segun Sus Apostoles, los Apócrifos, la Reforma, los Falsos Profetas y Judas Iscariote*, p. 27-57.

do pensamento de Leopold Sulerjítski. Pois para Kowzan tanto a entonação da voz quanto a maneira de pronunciar uma fala podem modificar completamente o valor daquilo que é dito, de forma que um "eu te amo" pode vir carregado de paixão, indiferença, ironia ou até lástima[59].

O ponto de contato com a noção apresentada por Kowzan é evidente, pois nenhum deles trata especificamente das palavras de que o ator se utiliza, mas da maneira como o ator se vale de tal ou qual palavra. Assim, se existem milhares de maneiras de se dizer uma frase como "Eu te amo", caberia ao ator descobrir qual a melhor forma de fazer com que estas palavras saltassem do texto dramático e ganhassem vida numa mesma representação. Evidentemente, nesse sentido, não se trataria de desistir da palavra em si, mas tão somente de saber aplicar este signo da maneira mais adequada às propostas de determinado espetáculo, já que renunciar ao uso da palavra ou dizer que ela atrapalha o ator,

> Seria como se Duncan dissesse que *as danças e os movimentos com as pernas no balé* a atrapalham ao transmitir suas sensações; e, por isso, renunciasse aos gestos e poses. No entanto, ela não o fez, pois justamente isso também é materia de sua arte. Ela desistiu de "tais gestos" e encontrou novos, próprios, encontrou um novo modo para o gesto e o movimento. Ela estudou o gesto e a pose em Botticelli, na antiga escultura etc., e encontrou.[60]

Caberia ao ator, portanto, buscar o sentido da palavra ao passá-la para sua boca. Digeri-la, compreendê-la, e não apenas degluti-la ou cuspi-la, sem sequer pensar sobre o que significa. Simplesmente refletir: eis aqui para o que apela Leopold Sulerjítski. Pensar sobre o ritmo de elocução no momento de falar. Algo que, talvez não por

59 Cf. T. Kowzan, *O Signo Teatral*.
60 L.A. Sulerjítski, *Povesti i Rasskazi*, p. 369-370

acaso, está presente com grande força em seu texto sobre a septuagésima oitava apresentação de *O Pássaro Azul*.

De fato, por mais que houvesse uma profunda convergência no pensamento de ambos, havia igualmente algumas divergências. E isso não é visível apenas nesta página de diário, como também no texto do teatrólogo Rudnítski, quando lemos que ambos olhavam para o sistema de maneira diferente. Enquanto para Stanislávski o sistema era um meio de estímulo à "própria natureza" do ator, responsável por garantir a "vida natural do espírito humano", para Sulerjítski ele possuía um significado muito mais amplo e profundo, inclusive até "mais universal, radical e pacificador: para ele o 'sistema' tornava-se um instrumento de aperfeiçoamento moral de todos os que o Estúdio unia, nem mesmo tanto na cena quanto na *vida*"[61].

Rudnítski fala, em seu texto, sobre o fato de Leopold Sulerjítski ter dado uma entrevista, certa vez, na qual respondeu que as atividades realizadas no Estúdio consistiam em desenvolver a psicologia de criação do ator, formar o estado geral do ator e aproximar ator e autor. Essa sua resposta à imprensa, no entanto, não coincidia com a realidade, já que suas relações diárias com os estudantes apresentavam estímulos completamente diferentes dos citados na entrevista. No dia a dia do Estúdio, cada trabalho ou atividade realizada surgia não tanto com o sentido de desenvolver a psicologia ou o estado geral do ator, mas muito mais do que isso, com a intenção de estabelecer uma atmosfera moral.

De acordo com Rudnítski:

> Tão forte pressão para a ética era para Sulerjítski não apenas natural como também, inclusive, inevitável. É conhecida a sua lealdade estoica ao tolstoísmo, às ideias tolstoístas da teoria da não violência, à fé de Tolstói na honestidade e bondade natural do homem, na civilização deformada e na necessidade "de interrogar". Deveras, a ética missionária de Súler

61 K. Rudnítski, op. cit., p. 178.

> foi absolutamente despojada de fanatismo e de intolerância sectária. Pelo contrário, este foi um homem claro, simples, sincero e irresistivelmente encantador (no final das contas, até mesmo Nemiróvitch chegou a dar-lhe crédito[62]). Não obstante, a percepção de Súler do "sistema", no qual ele acreditava profundamente e o qual ardorosamente propagandeava, divergia completamente dos objetivos fundamentais de Stanislávski.[63]

Essa diferença se dava pelo fato de Leopold Sulerjítski ter suas convicções e, no caso do Estúdio, enxergar como objetivo final o teatro-contato, a comunhão de atores. Conforme diz Smichliáev: "E nos seus sonhos, com a mais elevada forma teatral cada vez com mais e mais frequência, surgia uma imagem de uma organização particularmente pura e intensa: a comuna de atores, no sentido em que Sulerjítski compreendia essa palavra."[64]

Ainda assim, Rudnítski reconhece o pensamento comum existente em ambos, já que o caráter formador do Estúdio e o trabalho com as diferentes individualidades não eram desejo de apenas um dos dois:

> A ideia era uma só, clara e definida: a formação do ator, a verificação experimental das captações do "sistema" e seu aperfeiçoamento. Particularmente, sua perspectiva atraía improvisações dos atores, sendo que Stanislávski especificamente explicava que, de maneira alguma, tinha em vista "o objetivo de renovação da história da *Commedia dell'Arte*", não, dizia ele, "nós queremos cultivar o processo da 'vivência' na improvisação".[65]

Afinal, ambos se complementavam nesta caminhada. E se, como diz Elena Poliákova, Stanislávski era o estrategista e Sulerjítski era o

62 Ele, inicialmente, não gostava de Sulerjítski.
63 K. Rudnítski, op. cit., p. 178.
64 V. Smichliáev apud L.A. Sulerjítski, *Povesti i Rasskazi*, p. 581.
65 K. Rudnítski, op. cit., p. 180.

tático, era preciso que trabalhassem em conjunto para que o Estúdio evoluísse. Se havia desavenças? Claro que havia. Olga Sulerjítskaia conta como, certa vez, Leopold Sulerjítski chegou mais cedo de um ensaio de *O Pássaro Azul*, visivelmente abalado, sentou-se e disse para si: "Que ele mesmo dirija.... Como quiser, que faça o que quiser." Mas pouco tempo se passou e lá veio a babá dizendo que Constantin Stanislávski havia vindo visitá-los. Claro que não demorou muito para os dois estarem novamente conversando como antes.

A esse respeito, diz Olga Sulerjítskaia[66] que, obviamente, as relações de ambos não foram um idílio ininterrupto, havendo sérias divergências de opiniões e até ofensas. O que não impediu que, com o passar dos anos, a amizade deles se fortalecesse e o trabalho criador em conjunto os unisse ainda mais. Tanto, que além da admiração mútua, Milkhail Tchékhov conta como:

> Quando Sulerjítski morreu, o caixão com seu corpo ficou em nosso Estúdio.
>
> Após o enterro, Stanislávski estava entre os que falariam sobre ele na cerimônia fúnebre. Ele estava pálido e seus lábios tremiam.
>
> Não terminou seu discurso e, contendo os soluços, correu até os bastidores da nossa pequena cena.[67]

66 L.A. Sulerjítski, *Povesti i Rasskazi*, p. 544.
67 Ibidem, p. 610.

Olhar Pedagógico

Uma Rápida Conversa

Em Moscou, há uma centena de teatros. E praticamente todos eles levam consigo o nome de algum dramaturgo ou encenador russo famoso: Teatro de Arte de Moscou Tchékhov; Teatro de Arte de Moscou Górki; Teatro Meierhold; Teatro Vakhtângov; Eletro-Teatro Stanislávski; Teatro... e assim por diante. O que certamente ocuparia mais de uma página deste trabalho se eu resolvesse citá-los todos.

Não demorou muito e eu já começava a me indagar: "E o Teatro Sulerjítski? Onde está?"

Em minha última semana de viagem, lá estava eu, sentada em uma das várias salas do Instituto Estatal de Arte com meu bloquinho de anotações de sempre, pronta para fazer essa pergunta ao professor doutor Vladislav Ivánov, com quem eu logo iria conversar.

Ele chegou.

Nós conversamos.

Tomei coragem e perguntei o porquê desta ausência inexplicável. "Porque o papel de Leopold Sulerjítski", respondeu o professor após ouvir minha pergunta, "foi muito mais significativo no que diz respeito à pedagogia do que à encenação. Aí está o livro *Pedagoguika Isskustva* para comprovar isso. Esse livro é uma forma de reconhecer o seu papel pedagógico." E nossa rápida conversa acabou.

Eu já havia lido isso em Pável Márkov: "Mais professor da vida do que professor da cena." E já sabia da existência deste livro, o qual havia encontrado na Biblioteca Lênin, no mês anterior. (Um livro inteirinho escrito em memória da pedagogia teatral de Leopold Sulerjítski e publicado em 2013.) Só não havia ligado a falta de um teatro com seu nome ao seu grande valor pedagógico. E deveria?

A conversa com o professor doutor Vladislav Ivánov me deu muito o que pensar. E resolvi dedicar esse último capítulo à exposição daquelas que me pareceram ser as mais importantes lições deixadas por Leopold Sulerjítski durante o seu trabalho como professor na escola de Adáchev e no Primeiro Estúdio: a fé, a união, o amor. E, sobretudo, a humanidade.

Mestre Apenas de Teatro?

Em carta escrita a Leopold Sulerjítski, em 6 (18) de setembro de 1910, Constantin Stanislávski diz: "Estou muito feliz que nosso sistema entre no seio do Teatro de Arte; pelo amor de Deus, ocupe-se com a pedagogia, o senhor tem grande aptidão para ela. O senhor não pode imaginar que vantagem traz ao Teatro de Arte e como isso o liga fortemente a ele."[1]

Para entendermos esse apontamento, é preciso lembrarmos, em primeiro lugar, que a palavra "pedagogia" surgiu na Grécia Antiga, como a superação de um pensamento anterior. Ou seja, se a educação até então compreendia a noção de imitação dos mais velhos como algo central, com a pedagogia surge a noção do homem

1 C. Stanislávski apud L.A. Sulerjítski, *Povesti i Rasskazi*, p. 463.

questionador, que reflete por si mesmo e se coloca na sociedade, em vez de apenas imitar os demais[2].

Corroborando esse pensamento, Maria Lucia de Arruda Aranha[3] diz que os povos da Antiguidade não refletiam especificamente sobre a educação, dado estarem vinculados às tradições religiosas recebidas de seus ancestrais. Assim, a educação relacionava-se inteiramente com a religião e os depositários dos valores a serem passados eram os sacerdotes, os magos e os escribas. Até que a situação mudou de figura, com o aparecimento da pedagogia. Tanto a razão autônoma quanto a inteligência crítica e a atuação da personalidade livre logo passaram a substituir as explicações predominantemente religiosas. Surgia agora a necessidade de elaborar um ideal de formação. Mas não se tratava do ideal do herói, submetido ao destino, e sim do ideal do cidadão que, a partir daí, não seria mais apenas o depositário do saber da comunidade ou um homem com destino traçado, mas passaria a ser aquele que elabora a cultura da cidade, pensa no próprio futuro, nos projetos e na utopia.

Leopold Sulerjítski era um sujeito livre. E desejava que os demais ao seu redor o fossem também.

Tanto é que expôs isso de várias maneiras ao longo de sua trajetória teatral. Em seu caderno de anotações, conservado pelo Museu do Teatro de Arte de Moscou, há uma citação na qual ele diz que: "Inicialmente, a peça [que vai para o Estúdio] é feita até o fim com total independência, sem qualquer participação do diretor principal." Ou seja, cada indivíduo se encontra suficientemente livre para criar, jogar e experimentar.

Essa ideia de liberdade de criação foi um dos pilares do Primeiro Estúdio do Teatro de Arte de Moscou. O fato de a formação dos atores não contar com um texto dramático a ser seguido desde o início trouxe um caráter inovador para o desenvolvimento do ofício do ator. Era preciso que houvesse a autoexploração. O improviso,

2 Cf. W. Bohm, *História da Pedagogia de Platão à Atualidade*, p. 13-15.

3 *História da Educação e da Pedagogia*, p. 67. (Grifo nosso.)

os jogos. O trabalho do ator sobre si mesmo, o exercício, a imaginação, o treinamento. Cada um destes pontos tornava-se gradualmente parte integrante do trabalho do ator e isso constituiu uma grande revolução para o teatro do século XX, auxiliando consideravelmente no desenvolvimento da pedagogia-teatral.

Em "Semiótica de la Escena"[4], Iuri Lótman já aponta o caráter significativo que há neste tipo de atividade. De acordo com sua definição, o jogo pressupõe a realização de uma conduta prática e sígnica, simultaneamente, tendo assim um caráter não monossêmico. Com isso, aquele que joga tem plena consciência de que se encontra em uma esfera lúdico-convencional e, portanto, tudo o que faz encontra-se no plano da imaginação, do "como se": é como se caçasse, como se viajasse, como se navegasse. Elena Poliákova traz para seu livro um pouco desta mágica experiência vivida no Estúdio:

> No Estúdio, Súler ou Vakhtângov dão um tema para o improviso, determinam um *tempo*. Vocês viverão meia hora ou quarenta minutos nas circunstâncias propostas. Vocês são Robinsons, lançados na beira do mar. Piratas, que encontraram um baú de tesouros. Patrões, trabalhadores emporcalhados até o chapéu ou que estão na oficina de alfaiates. Ou de calçados. Ou trabalhadores de uma funerária. Ao se reunirem, sejam livres, saudáveis e alegres. De manhã, olhem-se no espelho, façam exercícios físicos. No Estúdio-contato, eu sou: este sou eu. Improvisar livre, leve e pronto. Onde? Na alfaiataria. Com quem? Com o velho alfaiate, sentado a vida inteira com agulha e linha, tesouras, um pedaço de tecido novo ou um sobretudo rasgado. Com um patrão (uma patroa), com uma mestra mais velha, com uma mocinha entregue aos estudos. Ocupar-se com uma ação, com todos os que estão aqui. Aliás, é possível se exercitar com objetos invisíveis. Passar com um ferro imaginário – de forma que o espectador acredite em seu peso, em sua temperatura, no fato

4 I. Lótman, *Semiosfera III*, p. 57-84.

de que vocês queimaram um dedo – ou enfiar uma linha invisível numa agulha imaginária; o número é conhecido a partir do momento em que aparecem a linha e a agulha. Ao mesmo tempo, bebe-se de um copo ilusório, come-se uma maçã ou uma laranja invisível, ou toma-se uma sopa fervente: como se houvesse uma colher, como se houvesse uma tigela.[5]

Ainda que estivessem sujeitos a essa total liberdade para a criação, os alunos contavam com a participação de Sulerjítski como orientador e guia do Estúdio. Em seu caderno de anotações, temos a seguinte observação: "O diretor princ. tem o direito de entrar em quaisquer trabalhos no Estúdio, em todos os ensaios. [...] O direito de fazer observações, no sentido pedagógico, aos intérpretes e ao próprio diretor no que se refere à compreensão dos caminhos pelos quais se realizam os ensaios."[6]

A sua função, ele sabia, era *guiar* os jovens do Estúdio. E isso, de forma tênue. Isto é, sem impedir que os jovens estudantes olhassem para onde desejassem, mas precisamente apontando quais os melhores caminhos, quais as possibilidades existentes, abrindo seus olhos para algo que talvez eles ainda não tivessem percebido ao seu redor, tanto no momento dos jogos quanto no momento da criação das personagens de determinada peça teatral.

Não à toa, ele escreve em seu diário, em 4 (16) de abril de 1914:

> O diretor precisa inflamar-se pelas personagens e pela peça, mas ser paciente e compreender que, antes de tudo, ele é um *espelho* – nisto está o essencial de sua destinação – e todo o seu grau de saturação pelas personagens, o entusiasmo pela peça, o seu arrebatamento criador é nada mais do que um amálgama, graças ao qual ele pode ser um espelho, e não um vidro oco que não consegue refletir nada e, portanto, é inútil.[7]

5 E.I. Poliákova, *Teatr Sulerjítskovo*, p. 183.
6 Arquivo do Museu do TAM.
7 L.A. Sulerjítski, *Povesti i Rasskazi*, p. 349.

Logo, durante a criação não caberia ao diretor o papel de frustrar todo "o encanto e frescor do trabalho criador do ator, deixando-se arrebatar por seu papel, explicando-o muito e com fervor, mostrando-o, criando"[8].

Pois, segundo Sulerjítski, se o diretor "faz isso mal, é simplesmente uma perda de tempo; se faz bem, o ator se vê privado da alegria da primeira união da sua alma com o papel e começa a copiar aquilo que o diretor conseguiu; e isso também é ruim, muito ruim"[9].

Vladimir Nemiróvitch-Dântchenko igualmente toca neste ponto do diretor como espelho, em seu artigo "As Três Caras do Diretor de Cena". Para ele, a principal habilidade do diretor-espelho consistiria em sua percepção da individualidade do ator, na busca pelo entendimento daquilo que está bom ou ruim cenicamente e na observação quanto ao fato de as intenções do autor e do próprio diretor estarem ou não refletidas em cena. Além disso, caberia ao diretor-espelho observar e dirigir a vontade do ator imperceptivelmente, sendo capaz de imitá-lo com amor e amizade sem causar-lhe humilhação e, sobretudo, de um modo tal que o ator pudesse ver-se cara a cara, como se olhasse através de um espelho.

Era o que Leopold Sulerjítski buscava fazer em seu trabalho.

Em suma, desde o momento em que ingressou em Adáchev e passou a se dedicar à pedagogia dentro do teatro, Leopold Sulerjítski lutou para que seus alunos criassem, sendo ele apenas o espelho, ou, para usarmos uma terminologia de Constantin Stanislávski, o diretor-obstetra[10].

Outro exemplo disso são os apontamentos do ator A. Díki sobre os ensaios de *O Naufrágio do Esperança*, primeira grande encenação realizada pelo Estúdio:

8 Ibidem.
9 Ibidem.
10 "O diretor. Seu papel na criação do ator pode ser comparado com o trabalho de um obstetra. Tudo é feito não pelo ator, nem pelo diretor, mas pela natureza. O ator é a mulher em parto, o diretor é o obstetra. Ele dirige o andamento correto do trabalho do parto. No momento crítico, ele corrige o feto que está na posição errada ou aplica o fórceps" (E. Vássina; A. Labaki, *Stanislávski: Vida, Obra e Sistema*, p. 150).

> De modo particular, lembro-me claramente dos ensaios do "Esperança", de Leopold Antônovitch Sulerjítski. Ele também tinha um tato extremo com Boleslávski, tentando de nenhum modo e em parte alguma sufocar seu jovem amor-próprio. E, além disso, o método de Sulerjítski era tal que parecia com a forma da não intervenção na esfera propriamente da direção. Sulerjítski não era encenador no sentido habitual, ainda que tivesse começado sua "vida na arte" na época da reforçada busca por formas teatrais. Sua influência sobre o espetáculo foi posta em prática por meio do "sopro" espiritual, através de uma série de conversas sobre os papéis e sobre todo o espetáculo, não conversas "literárias", mas teatralmente eficazes, combinando o "sopro" criador com a demonstração. Ele era, antes de tudo, um intérprete do material dramatúrgico, um ótimo e delicado intérprete. Aparecendo não como um diretor filósofo, como Vladimir Ivánovitch, ele possuía não menos intuição do que aquele, e a nobreza de sua alma gravava sua marca em cada espetáculo com o qual ele chegava a ter contato. Eu penso que a pureza da atmosfera do "Esperança" era em grande medida um reflexo da personalidade desse homem maravilhoso.[11]

Mas, se Leopold Sulerjítski desejava dar liberdade e, além disso, auxiliar seus alunos na direção que deveriam seguir, era preciso que ele tivesse em primeiro lugar uma palavra que deve acompanhar todo aquele que deseja seguir pelo caminho da pedagogia: experiência.

O ensaio "O Narrador: Considerações Sobre a Obra de Nikolai Leskov", de Walter Benjamin, traz uma abordagem fundamental acerca desta pequena palavra, tão importante e ao mesmo tempo tão esquecida em nosso tempo.

Esse texto fala do verdadeiro narrador como sendo aquele que possui experiência de vida para passar a seus leitores ou ouvintes.

11 E.I. Poliákova, op. cit., p. 193.

Aponta-se, aqui, para o fato de que é cada vez mais difícil nos depararmos com um narrador de verdade, já que "as ações da experiência estão em baixa e tudo indica que continuarão caindo até que seu valor desapareça de todo"[12].

A experiência passada de pessoa para pessoa é, até hoje, utilizada como o manancial de grandes narradores e, de acordo com Benjamin[13], as melhores narrativas são justamente aquelas que se aproximam das histórias orais contadas por narradores anônimos. Nesse sentido, Benjamin separa como merecedoras de atenção duas figuras que se interpenetram de várias maneiras: 1. a figura do homem que vem de longe e, por isso, sempre tem muito o que contar, concretizada na figura do marinheiro comerciante; e 2. a figura do homem que ganhou sua vida honestamente sem sair do país e, portanto, conhece suas histórias e tradições, personificada na imagem do camponês sedentário.

Curiosamente, Leopold Sulerjítski havia sido tanto camponês quanto marinheiro antes de entrar para o teatro. O que, logicamente, não significa que por causa disso ele tivesse a obrigação de ser um bom narrador. No entanto, como revelam relatos de seus contemporâneos, ele era. Os relatos de sua esposa, de Tolstói e de seus familiares, dos alunos do Estúdio, e de Constantin Stanislávski estão aí para comprovar esse fato. Stanislávski fala sobre o dom natural que Sulerjítski tinha para falar com todos, desde as pessoas mais simples até as de um nível mais elevado, de quem ele conseguia chamar a atenção de alguma forma. Isso porque

> Ele sabia falar com seriedade. E suas palavras eram tanto mais convincentes porque ele falava sobre muitas coisas não por ter ouvido, mas tido a *própria experiência difícil* ou *alegre*. Sim, ele tinha sobre o que contar, sobre aquilo que não se encontra nos livros. Ele tinha sobre o que falar, já que tinha ideias e pensamentos que *construía* para falar. Tinha o que propagar,

12 W. Benjamin, *Obras Escolhidas*, p. 198.
13 Ibidem.

> visto possuir objetivos em prol dos quais vivia. Tinha com o que *sonhar*, já que sempre buscava o melhor e o mais elevado.[14]

Se o papel da experiência é fundamental no que diz respeito ao narrador, o que então dizer do professor? Este, que deve passar um saber para seus alunos, fazendo com que eles se interessem por conhecer a bagagem que traz consigo, que deve mostrar a utilidade do que ensina e fazer com que o aprendizado se torne sempre mais e mais prazeroso a todos os envolvidos. Pois bem. Não teria ele também, isto é, o professor, uma necessidade premente de trazer consigo a experiência e espalhá-la entre seus alunos?

Leopold Sulerjítski foi realmente esse professor dotado de uma grande bagagem de vida, uma bagagem artística e cultural. E foi justamente esse fator que trouxe um frescor para o universo teatral, conforme relatado por Constantin Stanislávski, ao recordar-se do amigo:

> Súler trouxe consigo, diretamente da terra para o teatro, uma imensa bagagem de material fresco da vida espiritual. Ele recolhia bagagem por toda a Rússia, que percorria em todos os sentidos com uma sacola nos ombros, por todos os mares que ele atravessou mais de uma vez, por todos os países que ele visitou na época de suas viagens ao redor do mundo e outras. Ele trouxe para a cena a verdadeira poesia da pradaria, do campo, das florestas e da natureza, observações da arte e da vida, pensamentos e objetivos obtidos por provações e pontos de vista éticos, filosóficos e religiosos originais.
>
> Trouxe uma relação inocente e pura com a arte, em função da completa ignorância das técnicas velhas, sujas e desgastadas do ofício do ator, com seus clichês e estereótipos, com sua beleza aparente no lugar do belo, com sua tensão no lugar do lirismo, e com a extravagante recitação no lugar do verdadeiro entusiasmo do sentimento elevado.

14 C. Stanislávski, op. cit., p. 548.

> Súler trouxe consigo uma posição livre e ampla para a arte teatral.[15]

Nesse sentido, quando se pôs a trabalhar com Stanislávski, primeiramente no TAM, depois em Adáchev, e por fim no Primeiro Estúdio, esse pedagogo, camponês e marinheiro experiente não poderia senão agregar algo de utilidade ao conjunto do qual agora fazia parte. E isso em todos os sentidos. Inclusive com respeito às encenações realizadas.

Diante disso, o texto dramático *O Naufrágio do Esperança*, de Herman Heijermans, sobre o qual se falou antes, veio a calhar para Leopold Sulerjítski, sendo prova definitiva de que toda a sua bagagem era consideravelmente útil e necessária para o fazer teatral.

Em estilo naturalista, essa peça segue a linha dos demais textos escritos por Heijermans, trazendo um forte sentimento de humanidade, o retrato da vida das pessoas comuns e a denúncia de problemas sociais[16]. Esse drama do mar em quatro atos conta a história de pessoas simples que vivem numa vila de pescadores e, em sua grande maioria, são vítimas da seguinte situação: para conseguir seu sustento têm de trabalhar para homens que não se importam em mandar barcos deteriorados (os "caixões flutuantes", como dizem as personagens) para o mar em busca de peixes; em vista disso, não é raro que os barcos quebrem durante a viagem e os homens não voltem, sendo engolidos pelo mar como se eles é que fossem os peixes – para usar a ideia da personagem Cobus, quando fala acerca do medo da morte: "Eu digo: nós pegamos o peixe e Deus nos pega."[17]

O texto de Heijermans trazia em si temas com os quais Leopold Sulerjítski já havia convivido ou sobre os quais refletia em seus escritos: a questão do poder e da falta de humanidade – algo muito evidente no último ato, quando as famílias descobrem que o "Esperança" afundou e vão atrás de notícias, mas tudo o que conseguem é

15 Ibidem, p. 549.
16 A. Dukes apud H. Heijermans, *The Good Hope*, p. 6.
17 H. Heijermans, *The Good Hope*, p. 68.

certa frieza por parte dos responsáveis pelo barco[18] –, as personagens revolucionárias, os maus momentos vividos por Geert durante o tempo em que esteve preso e, principalmente, a vida no mar.

Por ter sido marinheiro, Leopold Sulerjítski evidentemente podia falar sobre determinados aspectos da peça com uma autoridade que os outros do Estúdio não tinham. Elena Poliákova escreve sobre esse fato, contando como durante a preparação desta peça, levada ao Estúdio por Richard Boleslávski,

> Súler transmitia aos estudantes a sua memória das guardas, da direção da roda do leme, o sussurro das velas e o assobio do vento nos cordames; transmitia tão natural e imperceptivelmente que os estudantes tinham a impressão de que eles mesmos se lembravam, sabiam de tudo e reviviam na cena.
>
> A compaixão teatral do tipo "Ah, pobres marinheiros" não surgia no trabalho. Cada um encontrava [algo] em sua imagem, voltando-se à própria memória afetiva na qual havia despedidas e inquietações pelos próximos e novos encontros.[19]

Então quer dizer que basta ser experiente em algo para se tornar um bom professor? Que basta ter vivido no mar para poder falar sobre ele?

Óbvio que não.

Se pararmos para pensar, porém, há aí duas questões que podemos apontar. Em primeiro lugar, especialmente numa época em que as fronteiras eram muito maiores do que aquelas que temos hoje, o fato de ele ter tido experiências como marinheiro era um grande diferencial, auxiliando, e muito, na criação de um trabalho em que

18 O maior exemplo talvez seja o caso da viúva Kneirtje, uma das personagens centrais da peça. Ela, que já havia perdido marido e filhos há cerca de doze anos num naufrágio, perde seus últimos dois filhos agora, com o fim do "Esperança". Quando vai ao escritório de Clemens Bos, tudo o que ouve é que sentem muito e que ela não ficará desamparada. Terá seu emprego de faxineira novamente. E, a propósito, "If you will return the dish when it's convenient, and if you'll come again Saturday, to do the cleaning" (Ibidem, p. 103).

19 E.I. Poliákova, op. cit., p. 194.

todas as personagens viviam rodeados pelo mar, tendo seus sonhos e suas vidas por ele diariamente arrebatados. Em segundo lugar, o que é ainda mais importante, a um bom professor cabe não apenas saber sobre algo, mas, sobretudo, saber *como* passar esse algo para seus alunos. Portanto, não nos referimos ao fato de Leopold Sulerjítski ter apenas experiência de vida – o que ele tinha, e muito –, mas ao fato de ele saber precisamente como passar essa sua experiência aos alunos, como alcançar o coração de seus ouvintes e, acima de tudo, como extrair de cada um a experiência que este carregava consigo.

A partir do momento em que os alunos não utilizavam as experiências vividas pelo professor, mas apenas partiam delas para revelar as suas, estavam realizando o tão sonhado trabalho do ator sobre si mesmo. Algo de que Constantin Stanislávski falará mais tarde, ao criar seu método das ações físicas, alegando ser preciso ao ator partir de si mesmo, pois é muito mais difícil digerir a experiência de outro do que criar algo próprio, próximo à mente e ao coração. É precisamente isso que Leopold Sulerjítski vai incorporar em seu trabalho no Estúdio, já que ele via o teatro como esse lugar onde "é necessário alcançar uma alma alheia, revelá-la com cuidado, apaixonar-se obrigatoriamente por ela e acolhê-la, quer dizer, revelar-se também a si"[20].

Era o que ele fazia. Mas sem utilizar terminologias que complicassem a vida de seus alunos – o que evidentemente poderia ocorrer por causa da terminologia empregada no sistema[21]. Essa sua característica de buscar a simplicidade no momento de ensinar não apenas contribuía para o desenvolvimento geral de todos como era, em grande medida, apreciada por Constantin Stanislávski, para quem:

> Súler foi um bom pedagogo. Ele conseguia explicar melhor do que eu aquilo que minha experiência artística me havia sugerido. Súler amava a juventude e ele mesmo era uma alma

20 Anotação deixada em seu diário. Essas anotações, como mencionado anteriormente, encontram-se traduzidas na íntegra no final desta obra.

21 "Ação", "'se' mágico", "circunstâncias propostas", "memória emocional", "trechos e tarefas", para citarmos alguns exemplos.

> jovem. Era capaz de conversar com os alunos, não os assustando com os saberes científicos, perigosos para a arte. Isso fez dele um excelente guia do assim chamado "sistema", ele formou um pequeno grupo de alunos nos novos princípios de ensino. Esse grupo entrou no núcleo do Primeiro Estúdio, que nós fundamos juntos. A essa tarefa ele entregou suas últimas forças criadoras, administrativas, morais e pedagógicas. Aqui, nestas paredes, ele deixou uma grande parte do seu coração.[22]

Sobre essa característica, fala também Mikhail Tchékhov, que relembra em suas recordações como:

> Na época do trabalho com *O Grilo na Lareira*, Leopold Antônovitch (ele participava de todas as apresentações como diretor de arte) revelou-nos a essência desta obra de Dickens. Como ele fez isso? Não com discursos, não com explicações, não com a interpretação da peça, mas transformando-se pessoalmente em um tipo dickensiniano na época do trabalho, precisamente em Caleb Plummer, o fazedor de brinquedos.
>
> Não penso que ele tivesse consciência desta transformação em si. Ela surgia nele por si só, natural e verdadeiramente, assim como em tudo o que ele fazia.
>
> A sua presença nos ensaios criava aquela atmosfera que tão fortemente transmitiu-se depois ao público e que consideravelmente contribuiu para o sucesso do espetáculo.[23]

Fosse encarnando algumas personagens de Dickens, fosse impregnando o ambiente com uma atmosfera de amor, aconchego e humor, ou, como conta Mikhail Tchékhov, convidando os alunos para tomar um chazinho após o ensaio, Leopold Sulerjítski fazia com que essa peça fizesse realmente parte da vida do Estúdio.

22 C. Stanislávski, op.cit., p. 550-551.
23 M. Tchékhov apud L.A. Sulerjítski, *Povesti i Rasskazi*, p. 607.

Muito diferente, porém, foi a atmosfera que Sulerjítski levou para a peça *A Festa da Paz*, de Gerhart Hauptmann. E talvez não pudesse ser de outro jeito, já que o texto de Hauptmann está envolto em um clima completamente diferente do conto de Dickens. A peça em três atos conta o drama vivido pela família Sholz, na qual todos praticamente não se suportam, em decorrência de certos acontecimentos de seu passado em comum.

Quando a peça tem início e a família Scholz decora a árvore para o Natal, nada leva a crer ainda que todos vivam uma vida tão infeliz. Gradualmente, porém, descobrimos que o dr. Fritz Scholz, pai da família, foi embora da casa há cerca de seis anos, sem explicar a razão; que seu filho, Wilhelm, partiu igualmente na mesma época, sentindo-se culpado pelo fato de ter batido no pai; que ele e os dois irmãos, Auguste e Robert, guardam rancor por terem tido um pai tão ruim, que não os amava e, além do mais, trancava os filhos durante horas em um quartinho em que eles deveriam apenas estudar, quando na verdade eles só eram crianças e preferiam brincar; que Robert sente inveja de Wilhelm e tenta colocá-lo contra a noiva, Ida; que a senhora Scholz se ocupa apenas consigo e reclama repetidas vezes de seus filhos, acreditando que a filha da senhora Buchner é muito melhor do que os seus; e, por fim, que todas as mágoas do passado não foram superadas e estão prestes a explodir a qualquer momento.

Até que a explosão fatalmente acontece. No final do segundo ato, quando toda a família se encontra reunida pela primeira vez em tanto tempo[24], acontece a terrível cena que dá origem à interpretação histérica ocorrida dentro do Estúdio e já abordada no primeiro capítulo deste estudo. Aqui, após ter havido uma cena de reconciliação momentânea, em que pai e filho pareciam ter se perdoado, em que Wilhelm sente-se um novo homem e as duas agregadas, Ida e sua mãe, Marie Buchner, cantam uma canção de Natal no cômodo ao

24 O filho Robert costuma ir visitar a família no Natal, todos os anos. Mas o pai não aparecia há cerca de seis anos, e surge nesta noite, sem avisar. Quanto a Wilhelm, vai à casa da família a pedido de sua noiva, Ida, e de sua mãe, Marie Buchner, que, em sua ingenuidade, acreditam que ele deva se reconciliar com toda a família na noite de Natal.

lado, basta que alguns dos familiares riam de Ida para que, imediatamente, tudo volte ao estado de antes e o ato termine entre gritos, choro e com o dr. Scholz passando mal:

WILHELM (*gritando*): Fique quieto, eu lhe digo!

AUGUSTE (*virando as costas para ele*): Oh, bem, você apenas está apaixonado, só isso.

WILHELM (*agarrando Auguste asperamente pelo ombro*) – Olhe aqui, mulher, eu...

ROBERT (*pegando o braço de Wilhelm, fala friamente, dizendo cada palavra distintamente*): Wilhelm, você vai fazer a mesma coisa de novo?

WILHELM: Diabos!

AUGUSTE: Tem algo a dizer? Você? Que levantou a mão contra o próprio pai?

DR. SCHOLZ (*com a voz trêmula de raiva, num tom de absoluta autoridade*): Auguste! Saia da sala! Neste minuto!

AUGUSTE: Bem, agora eu gostaria de saber...

DR. SCHOLZ: Você vai sair da sala neste exato minuto!

FRAU SCHOLZ: Oh, meu Deus, por que não me leva deste mundo? (*Em um tom meio choroso.*) Auguste! Você está ouvindo? Obedeça a seu pai!

ROBERT: Por que, mãe? Ela não deveria fazer nada disso. Ela não é mais uma criança. Os tempos mudaram, por Deus, eles mudaram.

DR. SCHOLZ: Mas eu não mudei. *I haven't changed.* Eu sou o dono desta casa. Eu vou mostrar isso a vocês.

ROBERT: Ridículo!

DR. SCHOLZ (*gritando*): La-drão e as-sas-sino! Eu deserdo você! Vou jogá-lo na sarjeta!

ROBERT: Isso é simplesmente cômico.

DR. SCHOLZ (*conquistando uma explosão terrível de raiva e falando com calma e firmeza ominosos*): Você ou eu. Um de nós deixará a casa neste momento.

ROBERT: Eu, é claro, e ficarei muito feliz em fazê-lo.

FRAU SCHOLZ (*meio comandando, meio implorando*): Robert, você deve ficar.

DR. SCHOLZ: Ele vai.

FRAU SCHOLZ: Fritz! Escute-me! Ele é o único que em longos e longos anos nunca nos esqueceu, ele…

DR. SCHOLZ: Ele ou eu…

FRAU SCHOLZ: Desista, desta vez, Fritz, por minha causa!

DR. SCHOLZ: Pare com isso! Ele ou eu.

FRAU SCHOLZ: Oh, vocês não têm nada a ver um com o outro. Até onde eu sei, tudo pode ser arranjado, mas…

DR. SCHOLZ: Muito bem, eu perdi. Perdi para você e seu bando. Você e seu bando me venceram, definitivamente.

WILHELM: Não vá, pai! Ou, se você for, deixe-me ir com você, desta vez.

DR. SCHOLZ (*retrocedendo involuntariamente, entre a raiva e o horror*): Não me incomodem, vagabundos! (*procurando às cegas a impressão causada*) Ladrões e patifes, miseráveis vagabundos!

WILHELM (*com uma explosão de indignação*): Pai! E foi você quem nos fez assim. Não, não, pai, eu não quis dizer isso! Deixe-me ir com você e eu ficarei com você. Deixe-me compensar tudo o que tenho… (*tendo colocado a mão no braço do pai*)

DR. SCHOLZ (*como que paralisado de horror e desgosto*): Solte-me! Eu lhes digo, os planos dos meus perseguidores fracassarão, eu sei. São essas as pessoas ponderosas? Um homem como eu, que é em parte culpado, mas de qualquer maneira é inteiramente, e do começo ao fim, curto e simples…

WILHELM: Pai! Pai! Oh, meu querido pai! Tente se recolher onde está.

DR. SCHOLZ (*balançando suavemente no ritmo das palavras*): Curto e simples, do começo ao fim…

WILHELM (*abraçando-o com um esforço instintivo para parar o movimento*): Tente, pai. Tente pensar!

DR. SCHOLZ (*empurrando-o como a uma criança pequena*): Oh, não me bata. Oh, não me puna!

WILHELM: Pelo amor de Deus, pai!

DR. SCHOLZ: Não me bata! Não me bata de novo! (*ele faz esforços convulsivos para se libertar dos braços de Wilhelm*)

WILHELM: Que minha mão apodreça, querido pai, que você não deve acreditar, você não deve pensar...

(*Dr. Scholz se solta ele mesmo e se afasta, seguido por Wilhelm.*)

WILHELM: Acerte-me! Você me atingiu.

Dr. Scholz: Por favor, por favor. Socorro!

(*Ida aparece à porta da sala lateral, pálida como a morte.*)

WILHELM (*pega seu pai, abraça-o novamente*): Oh, você me atingiu!

DR. SCHOLZ (*nos braços de Wilhelm, desmorona numa cadeira*): Eu, ah, ah! Penso... Está tudo acabado co-mi-go.

WILHELM: Pai!!!!

(*Frau Scholz e Auguste ficam aterrorizados nos braços um do outro. Robert, pálido como a morte, não se move, mas seu rosto tem uma expressão de invencível determinação.*)

Eis como termina o segundo ato. E não seria nenhum absurdo afirmar que é muito fácil cair em histeria neste momento da peça. Assim como em outros momentos do texto, as próprias rubricas indicam ações como "gritar" ou "chorar", que, se exageradas pelo ator, transformarão a peça num verdadeiro manicômio, distanciando-se da vivência verdadeira.

Ao tratar da atuação no Estúdio no que se refere a essa peça, Sulerjítski escreve em seu diário que:

> Quando o ator realmente vivencia algo, quando sua interpretação é uma "obra de arte", então por mais que o espectador

> seja intensamente agitado, não haverá histeria. Eu me recordo de [Eleonora] Duse, e inclusive de Grasso e outros grandes atores, como Shaliápin ou Nikita, ou atores do Teatro de Arte nos melhores papéis e momentos, e não consigo me lembrar, nem mesmo imaginar que a arte deles provocasse a histeria. Pelo contrário, entregando-se à sua arte, até as pessoas com os nervos desconcertados e propensas à histeria vão tranquilizar a alma e alcançar a satisfação espiritual. Pode ser que chorem no espetáculo, mas estas lágrimas serão completamente diferentes: serão lágrimas serenas e discretas – não para o público –, lágrimas nobres, de enternecimento diante do bem e da beleza, lágrimas pelas infelicidades e o pesar dos homens; até mesmo, talvez, pelo próprio pesar, já que eu também sou um homem e, assim como os outros, estou sujeito aos sofrimentos; lágrimas deste tipo, pois somos todos infelizes, pois a vida não é perfeita, pois somos fracos no bem, pois amamos pouco uns aos outros etc., porque o verdadeiro talento, a verdadeira arte fala apenas sobre isso.[25]

Essa anotação de diário demonstra uma grande preocupação com o espectador, que deve ser contagiado pelo ator não de uma maneira negativa, ou seja, não por meio dos nervos, mas da alma.

De forma que, ao olharmos uma cena como essa, poderíamos nos indagar o que levou o Estúdio a encenar tal peça. Por que, afinal, levar mais brigas, gritos e intrigas para os palcos, quando o que se desejava no Estúdio era justamente o oposto? Quando se tratava sobretudo de aquecer os corações dos espectadores?

Uma leitura completa e atenta de *A Festa da Paz* responde à pergunta. Obviamente que essa peça traz consigo a tristeza e a desilusão por toda parte e que, além disso, está carregada de questões naturalistas bastante terríveis e aparentemente sem solução. Mas, ainda assim e da mesma forma que ocorre em *O Naufrágio do Esperança*,

25 L.A. Sulerjítski, *Povesti i Rasskazi*, p. 343.

há aqui resquícios de amor e de sonhos por dias melhores. No caso de *O Naufrágio do Esperança*, há uma cena em que essa questão é evidente. Trata-se do momento em que a viúva Kneirtje coloca no filho, Barrend, os brincos que haviam sido do pai, dizendo a ele que não se preocupe, que não é preciso ter medo (apesar de ela saber que muitos barcos do local são realmente "caixões flutuantes") e que ela rezará por ele e pelo irmão, pois há esperança. Da mesma maneira, quando em *A Festa da Paz* vemos gritos, brigas ou lamentos das personagens, não quer dizer que a vida seja apenas isso. Há também uma abertura para a luz, instantes em que é possível enxergar uma saída, como durante a conversa que Ida e Wilhelm têm, próximo ao final da peça:

> IDA (*seu rosto está pálido, o jeito muito sério e ansioso. Ela anda suavemente até Wihelm, abraça-o e pressiona sua bochecha contra a dele*): Oh, Willy! Ouça: dias tristes vêm e depois... Não é assim, Willy? Os dias brilhantes vêm outra vez. Você não deve se permitir ficar tão absurda e completamente esmagado.
>
> WILHELM (*balbuciando, apaixonado*): Ida! Minha mais querida, doce, como eu poderia viver sem você? Sua voz, suas palavras, toda a sua doçura, suas mãos...
>
> IDA: E quanto a mim? Você acha que eu quero viver sem você? Não, querido. Nós vamos colocar nossos braços em torno um do outro e não vamos nos largar. Vamos nos apertar, apertar e enquanto estivermos assim...
>
> WILHELM: Sim, sim, mas suponha que não possamos ficar assim?
>
> IDA: Oh, não diga isso!
>
> WILHELM: Eu só quero dizer, você nunca pode dizer isso, pois um de nós pode morrer...
>
> IDA: Oh, mas somos jovens.
>
> WILHELM: Não faz diferença. Isso virá, afinal. Tenho certeza de que não vou viver até a velhice.

IDA (*calorosa*): Então, eu vou abraçar você apaixonadamente, vou abraçar você bem de pertinho e vamos juntos.[26]

Sempre há dois lados. E isso não só na encenação, como também, e sobretudo, em cada uma das personagens retratadas. Leopold Sulerjítski sabia disso e durante os ensaios da peça alertava seus alunos para que não criassem as personagens numa só tonalidade: que não pintassem o quadro sem enxergar seus matizes: "Não é porque eles brigam que são pessoas ruins, e porque se reconciliam que são bons na essência. Isso é o principal."[27]

Isso facilmente recorda o que Stanislávski já dizia em suas anotações de 1908[28], isto é, que os artistas iniciantes possuem uma paleta de tintas muito pobre e, justamente por isso, pintam todo um papel utilizando apenas um tom, sem sombras, brilhos ou meios-tons. Isto é, para eles, se a personagem for trágica, será pintada com a cor preta e estará sempre sombria; mas se, pelo contrário, for alegre, as cores claras lhe cairão bem e ela sempre sorrirá. O que leva Stanislávski a observar que se um artista plástico seguisse esse princípio, teríamos uma grande mancha preta ou branca no lugar de um quadro e nada poderíamos distinguir do lado de dentro da moldura.

Sobre *A Festa da Paz*, Leopold Sulerjítski dizia: "Cedam toda a cordialidade que está em seus corações, busquem os olhos e o apoio uns dos outros, animem-se ternamente entre si para revelar a alma. Com isso, e apenas com isso, vocês conduzirão os espectadores para si. Não é preciso ataques de histeria, joguem-nos fora, não se atraiam pelo efeito dos nervos."[29]

Eis como, novamente, Leopold Sulerjítski se utilizava da arte como um meio de ensinar para a vida. De levar aos alunos aquele tipo de conhecimento que não ficaria apenas guardado em suas mentes, como em seus corações.

26 G. Hauptmann, The Reconciliation, *Poet Lore*, v. XXI, n. 5, p. 382.
27 L.A. Sulerjítski apud E. Vakhtângov, op. cit., p. 555.
28 E. Vássina; A. Labaki, *Stanislávski: Vida, Obra e Sistema*, p. 166.
29 L.A. Sulerjítski apud E. Vakhtângov, op. cit., p. 555.

Leopold Sulerjítski amava seus alunos. Essa era uma das razões que fazia com que desejasse o desenvolvimento de todos não só como atores, mas, acima de tudo, como seres humanos. Mikhail Tchékhov fala sobre esse seu amor por cada um dos alunos do Estúdio e aproveita para narrar dois episódios marcantes e exemplares ocorridos consigo. O primeiro, quando Tchékhov, na qualidade de recruta, teve de fazer exames médicos e Leopold Sulerjítski o acompanhou até o local. Saindo de lá, depois de quase um dia inteiro de espera para ser atendido, Tchékhov deparou-se com Leopold Sulerjítski, que, debaixo de chuva, ainda esperava por ele:

> "Micha!", escutei uma voz baixinha e carinhosa.
>
> Voltei-me. Diante de mim, estava Sulerjítski, inteiramente molhado pela chuva torrencial. Pasmei. Leopold Antônovitch não se afastou do posto de recrutamento o dia inteiro e me esperou na multidão de parentes, que lamentavam seus filhos únicos… Mas quem era eu para ele, L.A. Sulerjítski? Um irmão? Um filho? Eu era nada mais do que um de seus alunos!!![30]

O outro refere-se ao desenho que ele mesmo fez no livro do Estúdio, como resposta àquela que ficou conhecida posteriormente como a "Chanson triste"[31] de Sulerjítski:

> Como todas as pessoas verdadeiramente boas, L.A. Sulerjítski gostava às vezes de parecer bravo, severo e até ameaçador. Ele criou para o Estúdio um livro grosso no qual cada um de nós podia inserir seus pensamentos.
>
> Um dia, Leopold Antônovitch escreveu ele próprio uma série de pensamentos sobre os trabalhadores, sobre sua vida difícil nas condições da época e, por esse motivo, sobre a necessidade de relações atenciosas indispensáveis para com

30 M. Tchékhov apud L.A. Sulerjítski, *Povesti i Rasskazi*, p. 700.
31 Tradução já incluída neste trabalho no tópico "E Que a Arte Voe Rumo ao Infinito!". Trata-se da longa carta em que Sulerjítski fala sobre a falta de ética dentro do Estúdio.

os trabalhadores do nosso teatro. Ao ler esse artigo, entusiasmei-me com seu conteúdo, mas, infelizmente, não achei nada melhor do que libertar a minha inspiração numa série de caricaturas com as quais ilustrei o texto de L.A. Sulerjítski. À tarde, chegando ao Estúdio, ouvi um grito tonitruante. L.A. Sulerjítski buscava o culpado pelas ilustrações e parecia pronto para estraçalhar a pessoa lá mesmo. "Isto é um ultraje!", gritava ele de longe, aproximando-se de nós. "Quem, quem se atreveu a fazer isto?!" O enfurecido L.A. Sulerjítski surgia nas portas, buscando a sua vítima. "Quem fez isso? Fale exatamente agora! Quem?" "Fui eu...", respondi, apavorado. Pausa. "Bem, então que mal há nisso?", disse de repente, terna e tranquilamente, L.A. Sulerjítski. "Bem, desenharam! Bem, e o que há? Não há nada!"

Leopold Antônovitch me abraçou, pronto para consolar, como se o culpado fosse ele, e eu o chamei para a responsabilidade. Tal era o espírito rancoroso de L.A. Sulerjítski.[32]

O ator Smichliáev[33] se lembra também do amor que Leopold Sulerjítski nutria pelos alunos do Estúdio. De como ele tratava amavelmente todas as pessoas, como as conhecia bem e acreditava que, apesar das faltas e fraquezas, todas carregavam a verdadeira essência consigo. Sulerjítski sabia que seu papel era auxiliar os alunos a deixarem para trás suas fraquezas e que esse seria um árduo trabalho. Mesmo assim, não temia as pedras que surgiriam no meio do caminho daí por diante e que ele teria de tirar, uma a uma. Apesar das dificuldades, ele auxiliava os alunos a deixarem para trás o seu mundo subterrâneo e irem para a luz.

O amor de Sulerjítski por seus alunos esteve todo o tempo profundamente vinculado com o desejo de educá-los. Essa foi uma das características centrais do seu trabalho no Estúdio e Constantin Rudnítski não deixa de apontá-la, embora a considere de certa forma

32 M. Tchékhov apud L.A. Sulerjítski, *Povesti i Rasskazi*, p. 700.
33 Cf. L.A. Sulerjítski, *Povesti i Rasskazi*, p. 80.

exagerada. Isso porque a preocupação com a educação chegava a ultrapassar fronteiras e, às vezes, ganhava o primeiro plano, deixando a parte artística em segundo. A. Popov, aluno do Estúdio, fala sobre esse aspecto:

> Assim como era para Stanislávski, para Sulerjítski, a imagem moral e ética do homem ligava-se indissoluvelmente à sua imagem artística. Ele, portanto, educava os estudantes no verdadeiro e profundo sentido dessa palavra. Odiava a grosseria e o quotidiano com todo o horror que lhe era próprio. Ele podia elevar um ato não ético de um estudante a um acontecimento do mais alto grau de significação, do qual, conforme lhe parecia, dependia o destino de todo o Estúdio. Assim foi também certa vez: um dos estudantes deu-se ao luxo de conversar grosseiramente com o nosso único camaroteiro. Sulerjítski cancelou o ensaio, reuniu todo o elenco e o dedicou o dia inteiro à análise deste triste incidente.[34]

Márkov relembra também o papel que a educação ocupava na vida do diretor-pedagogo Leopold Sulerjítski, dentro do Estúdio. Mas o aspecto que Markóv enfatiza é o da questão ética. O teatrólogo russo analisa o fato de Leopold Sulerjítski utilizar-se do Estúdio e do sistema para educar os alunos para a vida.

> Sulerjítski queria desvendar a origem do trabalho criativo, queria encontrar a semente do trabalho criativo puro, porque ele mesmo era profundamente puro. No "sistema", muito se falava sobre a fé do ator no significado e no realismo daquilo que ele fazia em cena. Sulerjítski ensinava os atores que se juntavam ao Primeiro Estúdio a acreditar, mas propagava essa fé fora dos limites do ensinamento essencialmente cênico: ele ensinava a acreditar na vida. Por isso, Sulerjítski preferia o

34 K. Rudnítski apud E.I. Poliákova, op. cit., p. 82.

> trabalho de direção-pedagogia com a composição espontânea do espetáculo. Ele tratava os atores com carinho e atenção. Esse homem foi completamente puro e, por isso, sincero na expressão de seus pontos de vista e impressões.[35]

Dada a relevância do papel pedagógico apresentado por Leopold Sulerjítski no decorrer de sua vida artística, realizou-se uma conferência na Rússia entre os dias 26 e 30 de novembro de 2012. Em seu transcorrer, o papel de Leopold Sulerjítski foi apontado por mais de uma vez, gerando a posterior publicação do livro *Pedagoguika Isskustva*, em sua memória.

Um de seus artigos deve necessariamente ser citado neste trabalho, pois explicita justamente a questão que serviu de mote para abrir este capítulo: o fato de Leopold Sulerjítski ter seu nome de certa forma escondido no que diz respeito à esfera teatral – se o compararmos a nomes de outros encenadores muito mais famosos do que ele, por exemplo.

Neste artigo, diz o artista de vanguarda Nikoláievitch Leóntiev:

> Pelo fato de Meierhold e Vakhtângov terem sido preferencialmente diretores, criando teatros, seus nomes são mais conhecidos do que o de Sulerjítski. Sulerjítski está nas sombras e isso é injusto. Pois esse homem arrebatou muitos com uma paixão ardente e calorosa pelo trabalho coletivo. Foi ele a quem Stanislávski encarregou de dirigir o Primeiro Estúdio do TAM; foi ele o encarregado de colocar em prática o seu sistema de educação do ator e criação da imagem. Graças a esse sistema, ficou conhecido em todo o mundo o nome de Stanislávski e do Teatro de Arte. [...] Sulerjítski foi capaz de organizar uma família, criá-la e ser a sua cabeça, o seu centro, o centro espiritual, o pai, o defensor. E é muito bom que pessoas se reúnam e conversem sobre a herança de Sulerjítski. Isso é verdadeiramente uma homenagem a ele![36]

35 P. Márkov, Pervaia Stúdia MXT (Sulerjítski, Vakhtângov, Tchékhov), *O Teatre, v 4 tomakh*, v. 1, p. 358.

36 Leóntiev, Pedagoguika Isskustva, em VV.AA., P*edagoguika Isskustva*, p. 37-39.

Além da afirmação sobre sua importância atual, vale a pena olharmos também para o que diz o premiado artista russo Adolf Shapiro, no mesmo livro. De acordo com ele, o papel central de Leopold Sulerjítski na pedagogia residiu precisamente no fato de esse homem ter sido um dos primeiros, ao lado de Constantin Stanislávski, a mudar o vetor que havia no teatro, ou seja, o foco sempre sobre o espectador. Com a criação do Estúdio, o vetor se movia do espectador para o ator, que é justamente quem se encontra por trás do trabalho criador. O teatro passou a ser visto como um espaço onde é possível conhecer-se a si mesmo, desenvolver as várias individualidades e formar novos cidadãos.

Hoje em dia, o teatro é esse espaço onde, embora o espectador seja importante – e muito! –, já que "O acontecimento artístico se completa quando o contemplador elabora a sua compreensão da obra. Na relação dos três elementos – autor, contemplador e obra –, reside o evento estético"[37], agora o ator ocupa papel essencial. E não são poucos os casos em que o teatro é utilizado como ferramenta transformadora do ser humano em nosso tempo[38]. Tal característica transformadora, bem como o olhar para a educação do ator e seu aperfeiçoamento, está revelada, resumidamente e com todas as letras, em uma página de caderno escrita por Serafima Bírman, em 5 de novembro de 1914, e conservada atualmente no RGALI, em Moscou. No arquivo, que consta de anotação feita durante uma aula de Leopold Sulerjítski, Serafima Bírman escreve:

> 5 XI 1914 Primeiro ano. Com L.A. Sulerjítski
>
> O objetivo da arte é contagiar as outras pessoas com os próprios sentimentos. A qualidade de um talento é ver mais

37 F. Desgranges, *A Pedagogia do Teatro*, p. 28.

38 Cite-se aqui como exemplo disso os artigos de Teatro-Ensino Teoria e Prática, de Irley Machado et al. Neste livro, professores universitários falam sobre suas experiências com pedagogia teatral. Enquanto Narciso Telles, por exemplo, afirma que "A compreensão da importância da arte na formação do indivíduo emancipado como um instrumento capaz de atuar criticamente em prol da transformação está presente em todas as ações pedagógicas-teatrais desenvolvidas em comunidades brasileiras" (p. 22), Renan Tavares diz que, na França, "O trabalho conjunto, em parceria, entre educadores e artistas de teatro envolve todos na reflexão e na prática do fazer teatral."

do que os outros. O ator, premiado com talento, ainda não pode agir sobre o público se não possuir a forma na qual é preciso colocar o conteúdo. O ator deve ser educado ética e esteticamente. A atuação (a nossa) exige grande atenção com a nossa *individualidade*!

O Estúdio favorece o estudo daquelas condições pelas quais se manifesta a alma, inconscientemente. O estado inconsciente é o ideal desejado em cada trabalho criativo. Para isso, assim como na música é preciso saber a técnica, precisamos saber tudo o que ajuda ou atrapalha na manifestação do inconsciente. Estes estudos são para entender em que consiste o trabalho criativo. Começamos a entender com a razão e agora já é indispensável entendermos com o sentimento.

O objetivo do primeiro curso é: do consciente passar para o inconsciente.[39]

Se, como é dito no prefácio do livro *Pedagoguika Isskustva*, "Os grandes professores são aqueles de quem lembramos por toda a vida, que se distinguem pelo fato de ensinar durante toda a vida com talento e prazer, e contagiam com essa paixão os seus alunos"[40], está mais do que provado o quanto Leopold Sulerjítski exerceu papel fundamental como pedagogo. Pois ele não apenas ensinou com prazer e talento como contagiou todos os que estavam ao seu redor; não só foi lembrado por toda a vida por seus alunos, como, inclusive, por Constantin Stanislávski, que havia sido seu mestre e que, em 1938, disse a Olga Sulerjítskaia, após cruzar com ela numa rua: "Não há um dia, nenhum dia, em que eu não lembre de Súler... Acredite que é assim. Eu digo a verdade."[41]

39 S. Bírman, arquivo do RGALI. (Grifo nosso.)
40 A.B. Nikítina, *Pedagoguika Isskustva*, p. 7.
41 O. Sulerjítskaia, Vospominania o Sulerjítskom, em L.A. Sulerjítski, *Povesti i Rasskazi*, p. 516.

Navio de Partida

Uma das principais lições que Leopold Sulerjítski deixou a seus alunos foi a ideia de encarar a arte como uma forma de promover o amor e a união entre os homens. Em sua concepção, o teatro deveria ser esse espaço de fraternidade e aprendizado, uma espécie de casa para a qual cada um deve levar o que há de melhor dentro de si.

A noção de união sempre esteve por trás de seu trabalho realizado no teatro. Para Leopold Sulerjítski, era preciso que os alunos se auxiliassem uns aos outros, que trabalhassem em equipe. Em seu caderno de anotações, encontrado entre os arquivos do Teatro de Arte de Moscou, essa ideia está presente: "A qualquer momento de seu trabalho, o diretor vai *pedir ajuda,* que sem falta se norteará exclusivamente pelos objetivos ou tarefas de seu diretor, ajudando-o a atingir aquilo que ele deseja no tocante ao resultado e sentido da peça e sua forma."[42]

Esse desejo de que os alunos formassem um grupo e que se apoiassem para conquistar um bom resultado, trabalhando não apenas para si mesmos, mas também para os outros, servindo, auxiliando e orientando-se entre si, não foi apenas uma anotação deixada por Sulerjítski em seu caderno. Aliando-se aos ideais de amor, trabalho e respeito pelo ser humano, tal desejo por união acompanhou Leopold Sulerjítski por toda a vida, servindo de impulso não só para cada uma das atividades que ele realizou no Primeiro Estúdio, como para a aventura que ele e seus alunos viveram nas terras de Evpatória.

As terras de Evpatória, localizadas na costa do Mar Negro, na Crimeia, serviram de pano de fundo para o episódio em que finalmente Leopold Sulerjítski juntou os dois caminhos que dividiam a sua alma logo no início de seu trabalho no TAM: a terra e a arte. Constantin Stanislávski se lembra de como um dos grandes sonhos de Sulerjítski "era a sua terra, que ele queria lavrar com as próprias mãos e irrigar

42 Sulerjítski, arquivo do TAM. (Grifo nosso.)

ele mesmo, depois. Cada homem deve se alimentar e trabalhar para si com as próprias mãos. Não deve haver nem criado e nem senhor"[43].

Se, de repente, era possível tomar para si esse sonho antigo e uni-lo à sua vida na arte, por que não o fazer?

Leopold Sulerjítski via no campo e no contato com a natureza uma possibilidade inigualável de comunhão entre os alunos e acreditou que essa seria a melhor forma de trazer a união para dentro do Estúdio. De acordo com as recordações de Stanislávski, ele já havia falado em uma de suas conversas sobre o desejo de trabalhar com os alunos no campo. Ele via nisso uma necessidade, uma forma de aprender a conviver em comunhão: "Precisamos viver todos juntos na natureza. Só então nos conheceremos verdadeiramente uns aos outros, e nos uniremos em família e amaremos a todos. Compremos juntos uma terra, vamos ará-la, vamos nós mesmos construir casas para o que der e vier. No inverno, a arte; no verão, a natureza e a terra."[44]

Acreditando fortemente no ideal de Sulerjítski, Stanislávski comprou para o Estúdio algumas terras em Evpatória e, juntos, com as próprias mãos, alunos e diretores construíram lá prédios de natureza social, uma cavalariça, estábulos e outros locais que julgaram necessários para a realização de suas atividades artísticas. Durante cerca de três anos os alunos iam para Evpatória durante o verão, onde, encabeçados por Sulerjítski, trabalhavam intensivamente em seu projeto de unir arte e vida numa espécie de amálgama.

Essa noção da arte e vida como uma coisa só é abordada em artigo[45] de Elena Vássina. O texto traz à luz uma questão de personalidade coletiva, fundamental para a semiótica de Iúri Lótman (1922-1993). Para ele, o teatro ocupa um espaço central na cultura, sendo capaz de realmente unir as pessoas. Nesse sentido, embora os espectadores inicialmente não formem um verdadeiro conjunto

43 C. Stanislávski, op. cit., p. 549.

44 L.A. Sulerjítski apud C. Stanislávski, op. cit., p. 551.

45 Cf. E. Vássina, O Teatro Russo à Luz dos Problemas de Recepção, *Repertório: Teatro & Dança*, n. 20, p. 140-141.

e sejam apenas uma reunião casual de indivíduos dentro de um espaço, basta o espetáculo começar para que todos se unam em uma personalidade coletiva.

Esse fator da coletividade, o qual nos reporta ao "milagre" ocorrido na encenação de *O Grilo na Lareira*, quando toda a plateia se uniu para vivenciar o que se passava em cena, foi também uma das características centrais do Teatro de Arte de Moscou. Desde o início, o TAM se preocupava em transformar essa "reunião casual de indivíduos" numa personalidade realmente coletiva. Exemplo disso foi a peça *Um Inimigo do Povo*, encenada pelo TAM, em 19 de fevereiro de 1901, e que, por ter estreado justamente no dia do massacre de alguns estudantes pela polícia, criou um vínculo profundo com a plateia, transformando-se numa verdadeira manifestação política, à qual o público reagia coletivamente.

A noção apresentada por Iúri Lótman ganha espaço também em Evpatória. Mas, no caso desta experiência artística realizada pelo Estúdio, o "conceito de teatro-casa, entidade que reúne palco e plateia como um grupo de 'crentes' na mesma ideia estética, social e política que possui o código comum da comunicação"[46] vai além da união entre público e plateia. Embora a encenação teatral fizesse parte dos planos para o futuro do Primeiro Estúdio em Evpatória, visava-se aqui, inicialmente, a união dos artistas entre si e com a natureza, isto é, a total fusão da vida com a arte. E, com isso, consequentemente, a ideia de arte como comunhão dos homens, já levantada por Lev Tolstói em *O Que É Arte?*

Ao recordar-se dos verões em Evpatória e da *datcha* comprada por Stanislávski, a qual, posteriormente, recebeu o nome de "Robinson", a atriz do Estúdio Serafima Bírman fala sobre a calma admirável que havia no local, o brilho do lago, o calor, a areia e, por fim, o fato de tudo isso afastar os atores da vida citadina. Tratava-se de um lugar onde a vida era arte e a arte era vida; lá, em meio à beleza de Evpatória, alunos e professores podiam se libertar das vestes habituais

46 Ibidem, p. 42.

e da imagem que tinham quando estavam na cidade[47]. O próprio Leopold Sulerjítski, por usar seu mocassim e o chapéu dos tempos da transferência dos *dukhobors* para o Canadá, é comparado por Bírman a um herói dos romances de aventura de Júlio Verne.

Até que Sulerjítski, já bastante debilitado, adoeceu definitivamente, e essa sua aventura, uma das últimas de sua vida, foi ficando cada vez mais distante, sendo levada para longe de seus olhos, como um navio que se perde no horizonte. Em 1909, o diretor já havia sido diagnosticado com nefrite. Mas piorava a cada dia e, em face de uma série de outros problemas dentro do Estúdio, desanimava cada vez mais. Ele, que havia passado a vida acreditando na necessidade de dar a todos o que havia de melhor em si, isto é, toda a pureza e honestidade possíveis, agora pensava no quão era difícil para um homem reeducar o mundo apenas com a própria bondade. Com isso, a harmonia se esvaía gradualmente de sua alma.

Elena Poliákova fala sobre esse momento conflitante, quando Sulerjítski desanima e só o que o mantém é esse pequeno mundo à parte, criado em Evpatória:

> Durante o verão, em Evpatória, novamente reunia-se com os velhos amigos e estudantes. Lá, outra vez, revelava-se tudo o que há de melhor nas pessoas, lá todos eram amigáveis e alegres e o alegre Súler transformava cada trabalho quotidiano em festa. Apesar da doença cruel prolongada, havia alegria de viver dentro dele. Mas, cada vez mais frequentemente, essa alegria se apagava, fragilizando a vida, que não ía inteiramente como ele havia sonhado.[48]

Embora os momentos vividos em Evpatória e em contato com a natureza fossem capazes de alegrá-lo outra vez, tanto a doença quanto os problemas na administração e a falta de união dos estudantes o afetavam profundamente.

47 Cf. S. Bírman, Vospominania o Sulerjítskom, em L.A. Sulerjítski, *Povesti i Rasskazi*, p. 619.
48 Ibidem, p. 91.

É justamente nesta época que ele passa a se sentir mais desnecessário ao Estúdio, decide partir do cargo de administrador e escreve a Constantin Stanislávski uma carta na qual fala sobre sua decisão. Nesta carta, escrita em 27 de dezembro de 1915 (7 de janeiro de 1916) e na qual ele diz que o Estúdio já é uma grande instituição, está formado e não precisa mais de seu serviço de organizador, Sulerjítski aproveita para refletir sobre todo o seu sonho, a sua ideia do teatro:

> Eu sonhei com um teatro onde toda a arte, repleta de todas as verdades, aquecesse as pessoas com seu amor pelo humano, para que a fé no homem se mantivesse nesse nosso tempo assustador e cruel, para que essa mesma trupe, constituída de pessoas que vivem cordialmente e amigavelmente no trabalho e em total liberdade – durante o inverno se entregando à arte, e durante o verão vivendo alegremente na beira do mar, onde tudo foi criado com o seu trabalho –, suscitasse nas pessoas admiração pela própria vida e pela arte.
>
> No segundo ano, quando todos os membros do Estúdio se mordiam até a hediondez, quando tudo era uma completa podridão, eu enfraqueci e quis renunciar. Passei noites em claro no Estúdio, temendo sair de lá não apenas de dia como à noite. Mas, reunindo todas as forças, eu fui adiante. E estava certo. Era melhor prevalecer e logo chegou o terceiro ano, cheio de alegrias e entusiasmo.
>
> Todos se reconciliaram, acreditavam uns nos outros, e eu via por mim mesmo como as almas cresciam, como "O Grilo" brilhava, como a vida amadurecia por si só nesta sonhada direção, como também a sala de espetáculos respirava enternecida pela alegria com que resplandecia a juventude. Começou o verão, e parte dos jovens foi para a terra em Evpatória. Comprou-se o inventário, nós construímos barracas, tomamos conta de cavalos comuns, carregamos tijolos, almoçávamos todos juntos... Tudo isso ainda são apenas alusões, pedacinhos da vida, e não as devidas tomadas de consciência, mas

inclusive nestes rascunhos há muito de felicidade, alegria, pureza e liberdade.

O Teatro-Estúdio está crescendo cada vez mais como teatro, já interpreta num grande palco de Petersburgo, a instituição já se desenvolve, cresce de tamanho, abre mais e mais espaço e ocupa cada vez mais lugares no público e na imprensa. Inevitavelmente, desenvolve-se cada vez mais o lado administrativo-econômico com seus trabalhos. E aí está...

Eis que teve início meu grande erro...

Estes trabalhos sempre são os mais desagradáveis, mas, por outro lado, dão sempre uma posição a quem com eles se ocupa. Involuntariamente, cria-se a impressão de que as pessoas que se ocupam com isso encabeçam os trabalhos; involuntariamente, elas se sentem as donas do trabalho; inevitavelmente, estragam-se e se afastam do objetivo principal e do núcleo principal do Estúdio, dos companheiros; juntando-se em certo órgão de poder, realizam já não uma vontade geral, apenas a própria, estreitando e rebaixando cada vez mais os objetivos e organizando já não aquilo que tinham em vista quando foram designadas, mas aquilo que é mais prático, a construção que é mais facilmente realizável. Qualquer sonho ou utopia se afasta e faz-se o "trabalho", bem ou mal – e é preciso avaliar atentamente para dizer para onde isso leva –, mas já não há sonhos. Todo o Estúdio já não está vivendo uma vida coletiva. Estes três ou quatro homens conduzem o trabalho de forma completamente independente, todos os demais não participam absolutamente disto, não sabem nada daquilo que é feito e nem estão interessados em saber.

Este foi o meu grande erro: eu deveria ter sido mais insistente para que todos – todo o Estúdio – participassem da gestão. Teria havido muito barulho e discussões, mas teríamos forjado algo, ou seja, o Estúdio.

Quando eu vi meu erro, era tarde: já não posso influenciar estas pessoas.

Tendo entendido isso, decidi-me pela possibilidade de equilibrar a composição do Conselho, dando mais peso ao lado do idealismo, visto que ali o lado "do trabalho" era extraordinariamente forte e, portanto, perigoso, no sentido do enfraquecimento dos objetivos. Para isso, eu acrescentei ao Conselho Soloviova, Fiódorova, Bírman e Bondyrev.

Em seguida, quis me afastar completamente a tempo e me convenci de que a correção era um erro, que eles estão se formando, que os "homens de negócios" – a quem eu dou meu muito obrigado pelo trabalho – sob a influência de colegas, tais como Soloviova, Fedorov e Bírman, tornar-se-ão menos interesseiros e se transformarão juntamente com aqueles que se sentem os "tais" donos do Estúdio, visto que eu coloquei condições *sine qua non* para que o Conselho resolvesse o assunto em conjunto.

Aliás, essa consciência de si como "donos" influenciou alguns perigosamente; eu sabia que isso influenciava desse jeito, mas deixei escapar novamente e é muito difícil consertar isso.

Pois bem, eu acreditei que desta maneira era possível corrigir meu erro. Exatamente nesta época, o senhor sentiu que o Estúdio ia de mal a pior e me pediu que eu compreendesse que sou o administrador, que o Estúdio confia em mim e em ninguém mais, que eu devo permanecer em meu posto firmemente, que devo recorrer à sua ajuda como a um companheiro mais velho, que devo recorrer à sua autoridade. Foi difícil para mim voltar atrás, mas, infelizmente, vi que temporariamente devo voltar atrás, pois o culpado sou eu mesmo.

Mas, quando eu tentei voltar à situação precedente, isso já foi impossível, para isso seria preciso lutar com este grupo. Essa luta, como todas as outras, é cheia de todos os sentimentos maus e pesados, eu não tenho forças suficientes para isso e, o principal, é muito difícil moralmente. Mesmo por um objetivo tão belo não consigo encontrar as forças dentro de mim. Eu confessaria meu erro: não soube organizar todo o Estúdio. Se não fosse esse erro, então…

Mas assim fala aquele que não pode.

Pelo segundo ano eu vejo como tive fé em uma "utopia". Vejo isso com os próprios olhos.

Mas aí está o erro e o trabalho começou. Eu pude admirar a bela juventude, mas não consegui conduzi-la e, por causa de apenas dois ou três, pus a perder muito na vida, deixando-os em situação difícil, largando-os sozinhos em situações tentadoras e perigosas, sem o auxílio de um homem mais experiente. Poderia dizer que eles não são pequenos. Sim, mas, com efeito, eu os conduzi por três anos e eles eram.

Fiquei alegre e me entusiasmei com o sucesso cedo demais: meu erro eterno em tudo. Custou-me ver os esboços, os rascunhos da realização da utopia no terceiro ano, quando tudo resplandecia, tanto aqui quanto em Evpatória, e eu então abri a boca e me maravilhei, em vez de redobrar a atenção e o trabalho.

Eu saro apenas quando o material é excepcional e chega por si mesmo, como, por exemplo, os *dukhobors*.

Vejo-me forçado a reconhecer que não consegui realizar meus sonhos. Aí está o fim. Não me interessa absolutamente o sucesso aparente do meu trabalho – o sucesso dos espetáculos e as casas cheias, que Deus os abençoe –, não é isso o que me preocupa ou me inspira, mas *a trupe-fraternidade, o teatro-oração e o ator-sacerdote*. Tendo me faltado isso, devo partir. É doloroso que eu não tenha conseguido fazê-lo. Eu desanimei, desanimei demais. Não me prenda. Se eu não pude fazer isso, não tem importância, vai dar na mesma, essa é e será a lei da vida humana. Acredito profunda e inteiramente nisso, que será assim cedo ou tarde, mas será; esse sonho vive e viverá em cada homem. Talvez eu veja ainda mais, embora seja pouco provável. Mas isso já é outra coisa; eu preciso servir de outro modo: não dar início às tarefas que não condizem com as minhas forças, mas servir tal como determinam as minhas forças.

Compreenda agora, Constantin Serguiêievitch, que eu não posso ser administrador do Estúdio. Ser diretor de teatro não é inteiramente do meu feitio...

Compreenda, Constantin Serguiêievitch, que agora, quando vejo o que não consigo fazer neste trabalho, que é impossível servir como administrador neste trabalho, no qual entreguei toda a minha alma e coração, isso é muito, é demais para mim. Liberte-me: quando eu descobrir como poderei servir à minha fé, irei trabalhar. Por mais que eu esteja fraco e doente, ainda não decaí tanto a ponto de trabalhar apenas por "um pedaço de pão". Chegará precisamente essa hora, é-se obrigado a aceitá-la, tal como a morte, mas, apesar de tudo, quanto mais longe estiver, tanto melhor.[49]

Essa carta reflete não apenas o Leopold Sulerjítski doente, desgastado e triste diante dos problemas que invadiam o Estúdio, mas principalmente o homem sonhador que, apesar de toda a situação vivida e embora fraco para lutar, ainda via sentido na luta pelo verdadeiro ator-sacerdote, pelo teatro que é vida, pela vida que é união.

A questão de o Estúdio estar passando por uma fase complicada é também notada por Constantin Stanislávski, na mesma época, e está posta em um documento conservado atualmente no Museu do Teatro de Arte de Moscou, sob o título de "Apelo de Constantin Stanislávski ao Estúdio". Neste documento, escrito à mão, em 11 de novembro de 1915, consta o seguinte:

Quando o Estúdio começou, parecia aos alunos verem um oásis cultural: essa instituição deveria trazer a característica de uma casa particular, caracterizar-se pela simplicidade, pelo asseio, a modéstia e a dignidade. Nós temos poucas

49 L.A. Sulerjítski, *Povesti i Rasskazi*, p. 381-383. (Grifo nosso.)

instituições assim: a Galeria Tretiakov, as Clínicas e o Teatro de Arte. É impossível viver sem tais oásis. Particularmente em tempos de guerra e depois deles, porquanto desperta-se a fera que há no homem. E, nestes tempos terríveis, não há pessoas mais felizes em todo o mundo do que aquelas que participam de um trabalho cultural tão sincero.

> Mas para isso é preciso um idealismo verdadeiro, visto que apenas o idealismo é nossa justificação diante da sociedade. Se não há idealismo, o pior ofício é o ofício do ator. Esse foi o sonho.[50]

O texto está dividido em duas partes, sendo "A Ideia do Estúdio" a primeira das duas, a qual acabamos de ler. Na segunda parte, "A Atual Situação do Estúdio", Stanislávski fala sobre como as coisas não se deram exatamente conforme o planejado e como, nesta época, "Ao entrar no Estúdio, você vê algumas situações triviais e escuta bisbilhotices na antessala. Mas, adiante, você se depara com a falta de ordem da economia de meia-tigela. O ambiente completo não presta para a arte"[51].

A partir daí, Stanislávski lança um apelo a seus alunos para que mudem o comportamento e não se preocupem apenas em saber a terminologia do sistema, que já sabem. Que eles, ao contrário do que vêm fazendo, preocupem-se com a verdadeira arte, com o sentido mais profundo do Estúdio, pois seus comportamentos no momento não levarão a lugar algum: "Assim, o cantor que sabe a anatomia da canção pensa que ele é um artista; assim, o mau sacerdote pensa mais sobre a cerimônia do que sobre Deus; assim, o uniforme substitui o interior e a moda substitui o gosto."[52]

Toda a questão de o Estúdio estar passando por problemas desse tipo não quer dizer que o projeto de Constantin Stanislávski e Leopold Sulerjítski tenha falhado. De forma alguma. Esses problemas,

50 C. Stanislávski, Arquivo do Museu do TAM.
51 Ibidem.
52 Ibidem.

muito pelo contrário, foram como uma das várias tempestades por que passa o universo da arte. Destas que é preciso enfrentar para permanecer com vida e em meio às quais deve-se batalhar para manter a calma e não deixar que o navio afunde ou perca o seu rumo.

Foi o que ocorreu no Primeiro Estúdio, que não se deixou afundar diante desta situação. Ele não apenas continuou a viver como deu origem posteriormente ao Segundo Estúdio do TAM, do qual Evguêni Vakhtângov foi o responsável; ele não só seguiu sua rota, mas viu em seus frutos, Richard Boleslávski e Mikhail Tchékhov, a continuidade das ideias e do sistema de Constantin Stanislávski, e dos princípios de amor, trabalho e união propagados por Leopold Sulerjítski. Sim, porque, apesar de Sulerjítski se sentir culpado pelo vento forte que soprava naquele instante, ele havia sido um verdadeiro marinheiro todo o tempo. E continuava a ser, ainda encontrando forças para incutir ideais nobres em seus alunos e auxiliá-los em seu crescimento pessoal e profissional, como mostra esta carta, escrita em 9 de novembro de 1915, para os alunos que estavam em São Petersburgo:

> Caros, queridos jovens!
>
> Agradeço por sua atenção, por seu amor, por seu cuidado e o trabalho particular com esse álbum que vocês tão cuidadosamente fizeram e me enviaram, e que me alegrou; e um agradecimento maior por aquilo que vocês são, pela gramática da "essência" que há em vocês.
>
> Pelo fato de vocês saberem amar tão leal e ternamente aquilo que lhes parece belo, puro e sublime, por vocês saberem preservar em si a juventude, o que é tão raro hoje em dia.
>
> Se merecemos ou não esse amor e a fé de vocês, isso não importa. Mesmo se não merecermos, não é uma desgraça, não é esse um engano terrível, pois o amor sempre está correto, pois ele é por si só aquilo que sempre e em todo o lugar é a única necessidade, a única coisa sem a qual não há vida e sem a qual toda a existência de todas as criaturas seria um cruel e total absurdo. Por isso, não temam os enganos que o amor

sempre traz mais àquele que ama do que àquele que é amado. E quem entender isso sempre será feliz.

Lembrem-se de Dom Quixote e Dulcineia (a propósito, por todos os meios, procurem ver Chaliápin em *Dom Quixote*). Eu escrevi desta forma, como se o nosso Estúdio estivesse muito mal e já não valesse a pena o que ele significa, mas a questão é que eu estou demasiado próximo a ele e, portanto, não o estou julgando completamente. Assim como vocês, eu amo nele aquilo que nele é bom.

Por enquanto, até logo. Estou com pressa para o ensaio, meu filho está inquieto e não tenho muito tempo.

Desculpem não os chamar pelo nome e patronímico. Eu lembro muito mal dessas coisas; mas da alma e do que existe nelas eu me lembro sempre.

Tenham saúde e juventude e, mais adiante, acreditem apenas em si mesmos com tudo o que têm de bom, e não mudem isso por nada.

Desculpem as sentenças, isso é pela velhice e pela doença. Perdoem também a letra, eu acabei de me recuperar, estou saindo do segundo dia completo e ainda estou fraco.

Seu L. Sulerjítski[53]

Esse marinheiro, apesar da doença e da fraqueza, encontrava forças para continuar sua viagem e erguer a bandeira do amor diante de seus alunos. Para falar sobre o trabalho e a felicidade diante das coisas mais simples, como quando escreveu a Stanislávski, em carta datada de 25 de abril de 1916: "Ler o Evangelho, os pais santos e os sábios e muito simplesmente trabalhar, trabalhar simplesmente com as mãos, purificar a alma, jejuar e pensar, pensar sempre, encher-se e depois pôr-se a cantar. Que felicidade!"[54]

53 L.A. Sulerjítski, *Povesti i Rasskazi*, p. 507.

54 C. Stanislávski, Vospominania o Sulerjítskom, em L.A. Sulerjítski, *Povesti i Rasskazi*, p. 509.

Até que, no outono de 1916, o navio de Leopold Sulerjítski partiu definitivamente deste mar de sonhos e inquietudes que é o nosso mundo. Nessa época, Sulerjítski esteve mais vezes no hospital do que na própria casa. Seu organismo já não podia mais resistir, porque os ataques de uremia atormentavam-no e nem mesmo os doutores eram capazes de ajudá-lo. Assim ele, que estivera se tratando em Evpatória, teve de voltar para Moscou, onde permaneceu até a morte, aos 44 anos.

Nos últimos dias, já não conseguia falar. Mas com um simples gesto como segurar um livro, ainda era capaz de comunicar seu amor pela arte.

> Ele caiu de cama para o vagaroso falecimento. Deitado, não soltava das mãos uma barata edição de Dickens, e agarrava-se a ela precisamente como a um fiapinho da arte. [...] Mas o sentimento criador e os pensamentos já não obedeciam Súler e ele, impotente, segurava o livro nas mãos, não encontrando palavras para expressar seus devaneios poéticos. Finalmente, o livro amarrotado escapou de suas mãos fracas e... para sempre, rompeu-se a ligação com a arte.[55]

Finalmente, a Luz!

Constantin Stanislávski se apresenta outra vez. Fala sobre suas novas ideias. Repete a palavra "sistema" e parece incompreendido por todos. Os atores dão as costas a ele. E deixam o palco vazio, um a um.

55 Ibidem, p. 552.

Apenas um homem, vestido com um blusão de marinheiro, permanece ao seu lado. Mas o palco está mal iluminado e eu não consigo ver seu rosto. Quem é esse homem?

Ele diz algo muito importante. Algo sobre coração e união. Adianta-se mais um pouco.

> Finalmente, a luz!
>
> Senhor, leve consigo a alma do finado, do nosso querido, inesquecível e bom Súler, pois ele sabia amar, pois na vida em meio à sedução, à vileza, ao autoextermínio brutal ele conservou em si misericórdia, a qual limpidamente ditou-lhe antes da morte estas claras palavras de amor…[56]

> VOZ DE SULERJÍTSKI[57] (*sereno*): Meu Deus, quão amargamente, quão ardente e sinceramente chorei hoje a manhã toda. Chorei tanto que o travesseiro e as mãos ficaram úmidos de lágrimas. Por que motivo? Porque há crianças, muitas crianças nas ruas, magrinhas como pauzinhos e com mãos imundas; porque à noite, na grande praça, sob frios lampiões elétricos, elas correm para os bondes e vendem jornal por um "copeque" e desentendem-se e xingam-se detestavelmente; porque a polícia as expulsa e isso me dá pena; porque há uma multidão sem-fim de recém-nascidos em hospitais, com carinhas magrinhas, enrugadas e decrépitas, com dedinhos pálidos que mal se mexem, deitados em filas, solitários, em mesas, identificados por números e que avidamente caçam o ar, gritam famintos até não poder mais, acalmam-se e definham, e morrem fitando o vazio, procurando pelo amor nesse vazio,

56 O trecho citado a seguir é retirado das últimas linhas que compõem as recordações de Stanislávski sobre Leopold Sulerjítski; ver C. Stanislávski, Vospominania o Sulerjítskom, em L.A. Sulerjítski, *Povesti i Rasskazi*, p. 552-553.

57 Cito a seguir límpidas palavras de amor a que se refere Stanislávski. Trata-se de uma página do diário de Leopold Sulerjítski que Stanislávski cita como forma de concluir suas recordações. Essa página é datada de 12 de setembro de 1913.

com os olhos agonizantes e tristes com isso, morrem solitários em fraldas molhadas e frias.

Porque as criadas de lá já não sentem esse mar de sofrimentos no qual enxáguam a roupa, e andam não como se estivessem em um templo, mas numa fábrica. Porque, porque há tanto sofrimento por toda a parte que eu me sinto culpado por isso, pela maior parte dos sofrimentos, porque eu sei disso e não faço nada para pôr um fim, porque eu amo a todos e sou capaz de chorar por horas, e, o principal, choro porque há pouco amor em mim para todos eles, tão pouco amor que posso viver entre tudo isso e me ocupar com as minhas coisas, tão pouca fé e conhecimento que não consigo "fazer" nada por eles e não faço.

Senhor, dê-me fé ou dê-me um coração tão grande que me guie para onde for preciso, e me ensine a viver conforme for preciso!

Senhor, dê-me isto! Se o Senhor existir.

(*Entram 3 atores.*)

BÍRMAN: O seu amor pelo Estúdio, aliás, por nós, foi absorvido por todos...[58]

MIKHAIL TCHÉKHOV: Súler se zangava, gritava, ameaçava, mas os gestos que ele revelava diziam: "Vocês são meus queridos, eu os amo, não temam!"[59]

VAKHTÂNGOV: Você nos deixou, nosso belo e nobre professor. Por quantos dias seguidos escutamos a sua voz, ouvimos as suas simples e sábias palavras, vimos você aqui, nesta sala, nestas cadeiras, aqui, no palco. Cada palavra de nossos papéis, cada tema de nossas peças, cada passo nosso nos bastidores lembram você. Você não está entre nós, mas continua entre nós de forma exigente e insistente.[60]

(*Cai o pano.*)

58 S. Bírman apud L.A. Sulerjítski, op. cit., p. 616.
59 Ibidem, p. 605.
60 Ibidem, p. 553.

Nota Final

Por mais de uma vez, artigos escritos sobre Leopold Sulerjítski relembram a frase de *O Pássaro Azul* que é dita quando Titil e Mitil encontram seus avós, no país da saudade: "Os mortos dos quais lembramos vivem entre nós." Evguêni Vakhtângov diz exatamente a mesma frase ao recordar-se de seu amigo e professor. Eu, por minha vez, repito-a neste trabalho. Mas não para fazer como os outros, senão apenas para reforçar a ideia de que Leopold Sulerjítski vive entre nós cada vez que ouvimos o que ele tem a nos dizer.

Esse trabalho de caráter inédito se baseou nos originais russos como forma de aprofundar o estudo de algumas das principais facetas deste grande mestre teatral e pedagógico do século XX. Temos agora, pela primeira vez em língua portuguesa, acesso a cartas, diários, ensaios e materiais dos arquivos conservados, ainda hoje, em Moscou, o que nos permite enxergar um pouco mais sobre quem foi esse homem.

Nesse sentido, é inegável a importância que teve a bolsa Bepe fornecida pela Fapesp de março a maio de 2016. Somente a partir da pesquisa realizada em Moscou, da pesquisa em arquivos e da conversa com especialistas da área é que foi possível o resultado aqui obtido.

Graças aos materiais traduzidos, podemos compreender o papel desempenhado por Leopold Sulerjítski, em sua época. Um papel significativo em todos os sentidos: quando acompanhou os dukhobors para o Canadá a pedido de Lev Tolstói, quando auxiliou Stanislávski na criação e no desenvolvimento de seu sistema, quando ajudou cada um de seus alunos de alguma forma, sendo posteriormente lembrado por eles com muito carinho e afeição. Em suma, quando serviu aos outros de alguma maneira. Pois ele não apenas pedia que todos estivessem a serviço do próximo: ele mesmo estava sempre a serviço de quem quer que precisasse.

"Sede aquilo em que quereis transformar os outros. Que seja uma prédica o vosso ser, não as vossas palavras"[1], já dizia Henri-Frédéric Amiel em seu *Diário Íntimo*. É de crer que Sulerjítski, que lia Amiel, tenha ouvido bem essa lição. Pois foi exatamente esse princípio, de ser algo primeiro para então conseguir transformar o próximo, que o guiou ao longo de sua vida.

Leopold Sulerjítski incutiu nos atores da época o ideal do serviço artístico e da missão moral da profissão. Estabelecendo um compromisso ético tanto com o ofício quanto com os companheiros de trabalho, "deu a eles exatamente o que de principal exige um aluno do professor – deu-lhes um 'objetivo' profundo e natural para o trabalho criador: tal era o seu papel e tarefa no Estúdio"[2].

Sim, ele foi esse professor que, em cada uma de suas atividades, revelou-se um idealista com objetivos morais e estéticos dos mais elevados, sempre em busca do aperfeiçoamento de seus alunos como seres humanos e da verdade e inspiração artísticas na simplicidade, no amor e na comunhão com a natureza. Porém, antes de ser professor, foi aluno de mestres como Lev Tolstói e Constantin Stanislávski, nos quais baseou muitas de suas visões de mundo, sem, no entanto, perder sua individualidade e as próprias convicções. Pois um verdadeiro mestre não nasce do nada e nem se faz no vazio. Mas precisa de alguém em quem se inspirar. E, a partir daí, sabendo precisamente o que e como ensinar, servirá também ele de inspiração a outros.

1 H-F. Amiel, *Diário Íntimo*, p. 70.

2 P. Márkov, Pervaia Stúdia MXT (Sulerjítski, Vakhtângov, Tchékhov), *O Teatre, v 4 tomakh*, v. 1, p. 356.

Leopold Sulerjítski, entre 1900 e 1911.

Sulerjítski, c. 1912.

Trabalhando no campo, sem data.

Com a esposa, Olga Ivanona Sulerjítskaia, sem data.

(no alto) De partida no navio com os dukhobors, saindo de Batum (1898).

(embaixo) Leonid Andreiev, Leopold Sulerjítski e Máximo Górki, sem data.

Retrato de Tolstói com dedicatória a Sulerjítski, sem data.

As atrizes Vera Vassilevna Soloviova (1892-1986) e Serafima Germanova Bírman (1890-1976) trabalhando em Evpatória, entre 1912 e 1916.

Stanislávski com visitantes e estudantes em Evpatória, entre 1912 e 1916.

Stanislávski com Aliócha Sulerjítski (filho de Leopold) em Evpatória, entre 1912 e 1916.

(no alto) Cena do espetáculo *O Pássaro Azul*, de M. Maeterlinck no TAM (1909); direção de Stanislávski, Sulerjítski e Ivan Mikhailovitch Moskvim (1874-1946).

(embaixo, à esquerda) As atrizes do TAM Alisa Gueorgievna Koonen (1889-1974), como Mitil, e Sofia Vassilevna Khaliutina (1875-1970), como Titil, em *O Pássaro Azul*.

(embaixo, à direita) Os atores Ivan Ivanovitch Katchálov (1875-1948) e Olga Knipper Tchekhova (1868 -1959) respectivamente como Hamlet e a Rainha na peça homônima de Shakespeare (1912).

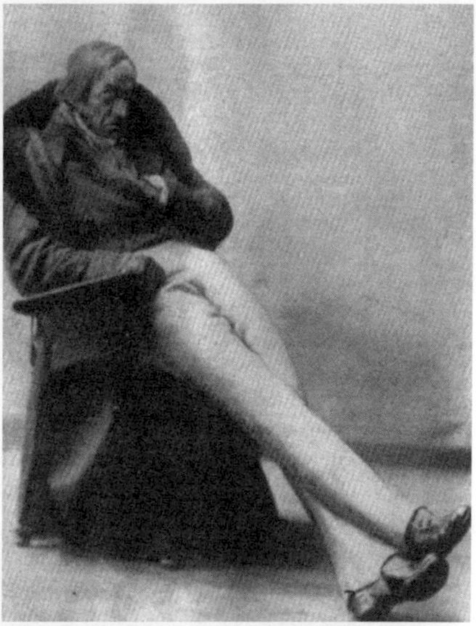

(no alto, à esquerda) Richard Boleslávski como Clement Boss em *O Naufrágio do Esperança*, de Herman Heijermans (1913).

(no alto, à direita) Evguêni Vakhtângov como o fabricante de brinquedos Tackleton em *O Grilo na Lareira*.

(embaixo) Cena do segundo ato de *O Grilo na Lareira*, de Charles Dickens (1914); Mikhail Tchekhov como Caleb; Vera Soloviova como Berta e Evguêni Vakhtângov como o Senhor Tackleton.

(acima) Cena do terceiro ato de *O Dilúvio* (1915) (abaixo) Mikhail Tchekhov como Caleb em *O Grilo na Lareira*.

Cartas e Anotações do Diário

Sobre as Relações Entre Ator e Diretor (1909)[1]

O único diretor que tentou sentir a área de ideias decadentes - como a chama o senhor Davídov[2]- foi Meierhold com seu teatro de Convenção, o jogo na superfície etc. Mas esta tentativa, sendo erroneamente fundamentada, em muito curto prazo exauriu-se. E grandes atores como Komissarjévskaia e

1 Fragmento de uma apresentação realizada por Sulerjítski em 25 de outubro de 1909 no Museu Politécnico, após a conferência feita por A.P. Davídov intitulada "Sobre o Grande Ator". Publica-se aqui os rascunhos das anotações, conservados no Museu do TAM (número 8308/2). Davídov afirmou que o teatro de Convenção humilhava e despersonalizava o ator. Sulerjítski, em contrapartida, defende o "novo drama", o "teatro místico" como ele o chamava, demonstrando que peças, como *A Vida de um Homem* de L. Andreev ou a dramaturgia de Maeterlink, fomentam o progresso da arte do ator. Sulerjítski objetando Davidov, e não aceitando "diretores decadentes" em geral, julga que o único dos diretores decadentes contemporâneos é Meierhold. Sobre a posição de Sulerjítski para com a direção de Meierhold e as relações entre ator e diretor em geral é também dedicada uma interessante parte da apresentação publicada por nós. As teses restantes são insuficientemente detalhadas e argumentadas nas anotações de sua apresentação. Além de Sulerjítski, estiveram no encontro S. Iablonovski e K. Marjanov, entre outros. Um relatório detalhado sobre o encontro foi publicado em Russkoe Slove, 26 out. 1909. (N. da E. russa.)

2 Vladímir Nikoláevitch Davídov (1849-1925), ator dramático.

Brávitch[3], que ficaram entusiasmados com as novas formas, tiveram a acertada intuição de um grande talento e rapidamente sentiram que se avançassem por este caminho, arriscariam, por assim dizer, deslocar seus temperamentos e perder a sinceridade, sem a qual não é possível nenhuma arte. Eles abandonaram a tempo um caminho arriscado para si.

Mas quem dos que viam o teatro de Meierhold e conheciam os demais teatros, dirá que ele contaminou o teatro com sua influência? Se houvesse tido influência, esta seria apenas negativa, pois Meierhold, não obstante os imensos conhecimentos teóricos, mostrou com clareza e nitidez como "não se deve fazer".

Esta questão sobre as relações entre o ator e o diretor e suas condições no teatro é debatida há tempos em palestras.

Antes, os neorromânticos ou os decadentes insistiam que o realismo no teatro destruía os atores, e que para a sua salvação era necessário o teatro de Convenção. Agora, os neorrealistas afirmam que é o teatro de Convenção, propriamente falando, que arruína o ator. E ambos demonstram que o culpado é o diretor. A situação seria absolutamente sem saída se esta questão de fato existisse.

Mas para a nossa sorte, na prática esta questão não existe. Logo, ela se resolve por si mesma, pela própria natureza das coisas. Em seu aspecto insolúvel, ela existe apenas nas palestras onde, eu acho, ainda não será resolvida por muito tempo. Frequentemente acontece que uma questão há muito resolvida na prática, na teoria não consegue ser resolvida por gerações inteiras. Aí está uma dessas questões.

Como é solucionada essa questão na prática?

Stanislávski formulou assim, em duas palavras: se o diretor for mais talentoso do que o ator, ele o levará atrás de si; se, pelo contrário, o ator for mais talentoso do que o diretor, então o ator levará consigo o diretor, conforme foi possível ver recentemente num exemplo do Teatro de Arte.

3 K.V. Brávitch, conhecido ator e diretor que trabalhou com Komissarjévskaia de 1909 a 1912 – ator do Teatro Máli. (N da E. russa.)

Será que realmente é possível fazer algo contra a vontade de algum ator, ainda que ele tenha pouco talento, que seja só um pouquinho artista, e não um artífice assalariado, não um *paiats*[4]?

No campo da arte e da criação, não se pode de jeito algum forçar nem mandar nos sentimentos. Nenhum ator, mesmo o de menor talento, mudará sequer uma característica da personagem que ele mesmo criou durante todos os tormentos da criação, ainda que o próprio Stanislávski tenha ordenado. Outra coisa: se o diretor que percebeu a individualidade do ator souber colocar diante de sua vontade criadora os objetivos mais atraentes e entusiasmar com alusões notáveis a sua fantasia no indispensável para as peças e os conjuntos de sentido, abrirá para ele as mais profundas perspectivas, e nesse instante, o ator sensível irá atrás do diretor. O insensível, para lugar nenhum.

Aqui, quem enxerga com maior clareza, quem sente com maior força e quem mais se entusiasma está na frente.

E não é só isso. Por maior que seja o talento do diretor, por mais que ele desenhe espaços belos e sedutores e por mais apaixonante que seja a sua chama, se fizer tudo isso sem contar com a individualidade de dado ator e com a presença de suas características, seus hábitos e costumes, o ator ficará frio e refratário, seu coração será fechado e, dessa vez, todo o trabalho do diretor estará perdido.

O mesmo acontecerá também neste caso: o ator possui um grande dom para penetrar no espírito do papel, sente mais claramente as cores, orienta-se com maior refinamento nas curvas psicológicas do papel, ama mais, brilha mais (e é exatamente por isso que encanta). O diretor inevitavelmente irá atrás dele e, sob a sua influência – não apenas pela atuação em determinado papel, mas também pela atuação de toda a peça –, encontrará outras belezas e abrirá outros horizontes poéticos.

Assim acontece na vida. E é difícil aqui dizer se o diretor tem direito a ser mais talentoso do que o ator, ou se é permitido ao ator

4 Palhaço, bufão, bobo.

ser mais talentoso do que o diretor e com a força de seu talento seduzi-lo até a mais pura e alta beleza.

É assim em traços gerais. Porém, não podemos esquecer que raramente o papel se cria de uma vez no ator, com inteireza e unidade. Estas surpresas felizes são igualmente raras no destino de qualquer artista, e quando acontece, quem ousa referir-se a tal filho de Deus?

A maior parte dos atores se vê obrigada a trabalhar, sofrendo infinitamente em cima da criação de um papel, procurando nele gradualmente aqueles elementos que podem despertar o interesse e seduzir. Acontece também de o ator fracassar em tais papéis amaldiçoados, os quais não consegue abordar de modo algum.

E agora, em tal período de trabalho, a paciência do diretor deve ser inesgotável. Um número considerável de ensaios passa enquanto o diretor espera, sem mexer no ator nem o atrapalhar, até que ele começa a aquecer-se em seu trabalho e o papel, de um modo ou de outro, se aproxima de seu coração.

Nesse momento, um talento tão universal como Stanislávski esboça ao ator paralisado as cores de sua inesgotável paleta ou, como faz outro admirável diretor do nosso tempo, Nemiróvitch-Dântchenko, abre-lhe as mais finas construções psicológicas da formação de peças e papéis, já é mais fácil para o ator sair do ponto morto. Pode ser que ele não pegue nenhuma daquelas cores que a mão generosa de Stanislávski vai oferecer-lhe, pode ser que não concorde com a interpretação do papel de Nemiróvitch, mas fios pouco perceptíveis entre o coração do ator e o papel já se estabeleceram: ele desperta interesse pelo papel, sua vontade criadora acorda, ele começa a trabalhar. A princípio, sentirá um ou dois pontos em todo o papel, depois estes pontos vão se estender, aumentar em proporções, nascerão novos, e todos no final das contas se unirão num só.

Todo o intenso trabalho de um diretor contemporâneo em relação ao ator consiste precisamente nisto: em ajudá-lo a encontrar-se a si mesmo, ajudá-lo, como dizem, a "revelar" sua personalidade até uma grande profundidade possível, ajudá-lo a separar em seu trabalho aquilo que de fato representa sua verdadeira individualidade, do geral, do teatral, do assim chamado "clichê", que apesar de ser próprio de cada um, sendo em cada ator diferente do que é nos demais, não tem nada em comum com a sua verdadeira individualidade.

Todo ator sempre tem no estoque alguns "clichês" preferidos (uns têm dois, outros três ou seis). E quando o ator está vazio, quando o papel não se dá, mas é preciso tanto falar quanto atuar de uma forma ou de outra, imediatamente aparece um "clichê" ou uma combinação deles para ajudar. Esta maneira convencional, este clichê que em alguns atores é extraordinariamente agradável, encantador e até nobre, na maioria dos casos é tomado por individualidade na imprensa e no público, visto que cada ator é outro, ainda que sua construção interior seja sempre a mesma.

Na verdade, esta maneira exagerada da atuação é a pior inimiga da verdadeira vivência individual.

Não me estenderei sobre isso, porque até os grandes talentos não estão livres dessa praga maligna - ainda que por vezes também bela - e nos desviaria demasiadamente da palestra.

Surpreender, celebrar com amor cada momento de fato individual que o ator tem, notar por quais caminhos ele conseguiu chegar a essa verdadeira elevação, perceber o que nesse processo o ajudou e o que o atrapalhou e criar para sua individualidade as condições mais oportunas - eis o trabalho do diretor com relação a cada ator. E tal trabalho exige que ambos vivam em comunhão durante todo o processo. Se começam relações inimigas, a corrente é interrompida e o trabalho para.

Contudo, além do ator há ainda o autor, há a peça inteira, inconcebível sem o *ensemble*. Aqui começa um novo obstáculo que exige por vezes enorme esforço da imaginação, extraordinário tato e intuição do diretor. Para cada individualidade, é preciso criar ao máximo a mais proveitosa situação, de modo tal que isso não apenas não perturbe o *ensemble* ou não contradiga a ideia da peça, mas, pelo contrário, contribua para seu esclarecimento e seu esplendor.

Um ator, por exemplo, pelo caráter de seu temperamento, não pode desenvolvê-lo corretamente se a montagem está criada à base de *mise en scènes* ricas em movimentos. A abundância de transições e dos movimentos rouba sua sinceridade e dirige-o para um temperamento muscular errôneo e apenas nas *mise en scènes* mais tranquilas ele pode vivenciar corretamente, encontrar-se etc. Não dou exemplos: isso tomaria muito tempo.

Que em cada arte é imprescindível a harmonia, isto, me parece, nem é preciso provar.

Mas será que a harmonia é possível apenas após o aniquilamento da personalidade?

Pessoalmente, acho que onde há o aniquilamento da personalidade, não há lugar para uma conversa sobre a harmonia.

Uma vez que não há personalidade, não há nada, e não há nada para ser conduzido à harmonia; tudo torna-se trivial e indiferente.

Se toda uma orquestra for preenchida por cornetas que sabem emanar apenas uma nota musical, então é pouco provável que até mesmo um contrapontista como Serguei Ivánovitch Taniéiev comece a escrever uma sinfonia para tal orquestra.

Por outro lado, quanto mais vivos os matizes de cada instrumento isolado, quanto mais vasto e flexível o diapasão deles, tanto mais plena e mais forte é possível à harmonia ser, e maior talento é preciso para o maestro e compositor.

Eu não queria referir-me ao TAM, embora eu fale apenas em meu nome, mas permitam-me todos perguntar: será possível interpretar *As Três Irmãs* com atores sem personalidade?

Ou melhor: se nos mostrassem que a trupe é constituída por Salvini, Tina de Lorenzo, Duze[5] e outros artistas de tal grandeza, como sairia grande o *ensemble*! A verdade é que uma trupe assim precisaria de um diretor com um talento da mesma grandeza, já que quanto maior a individualidade dos atores, mais eles precisarão de

5 Tommazo Salvini (1829-1916), Eleonora Duze (1859-1924) – célebres atores trágicos da Itália. Tina de Lorenzo – popular no início do século XX; atriz italiana que estava com sucesso em *tournée* artística na Rússia. (N da E. russa.)

um diretor com maior talento e sensibilidade, e não o contrário, como se costuma pensar.

E é por isso que o efeito de um *ensemble* assim seria impressionante, porque nenhum dos intérpretes escaparia da harmonia, visto que o instinto artístico não lhes permitiria e não haveria meios de dizer que cada um deles foi privado da individualidade.

Sendo assim, o bom *ensemble* não prova nem um pouco a fraqueza de cada ator que o compõe. Se o *ensemble* é realmente bom, isso mostra apenas que, além dos atores bons e brilhantes, o teatro possui pelo menos um bom diretor também.

Pois bem, eu afirmo que um bom *ensemble* só é possível para os atores com individualidade forte, se junto houver um diretor do mesmo tipo.

Mas pode ser que algum dia surja uma individualidade tão impetuosa, que não queira caber em qualquer *ensemble* e que deseje toda a atenção do espectador concentrada sobre si. Como será então?

Se, por acaso, surgisse tal ator, ou ele seria obrigado a abdicar de tudo no repertório existente e passar para o monodrama, ou a colocar-se na deplorável situação de artista em *tournée*. Deplorável, digo, pois se algo é mais antiartístico e ingrato para o homem de talento do que o sistema do artista em *tournée*, eu não sei.

Não podemos esquecer que o *ensemble*, impossível sem a existência do diretor, é necessário enquanto atuam Tchékhov, Hauptmann, Andreev, Ibsen, Knut Hamsun. Aproveitar-se das peças destes autores como arenas isoladas para concursos de atores por sucesso do público, dilacerar de forma bárbara os papéis separados, ignorando a ideia da própria peça e sua integridade, já é impossível. O público cresceu tanto, a imprensa cresceu tanto as exigências artísticas relacionadas ao teatro cresceram tanto que voltar à situação da dramaturgia anterior à reforma talvez agora seja impossível. E o ator que se permitisse não levar em consideração a peça ou o autor seria chamado não de individualista, mas simplesmente de homem inculto de mau gosto, semelhante àquele que erroneamente aproveitando-se do conceito de liberdade sai para a rua e, para afirmar sua personalidade, dá uma surra em cabeças de transeuntes, não seria chamado por nós de individualista, mas de bandido e desordeiro.

A mim, resta dizer umas poucas palavras sobre o teatro de Convenção e o teatro estilizado como fator de destruição ou de desenvolvimento da personalidade do ator... Se falarmos sobre a convenção e a estilização naquele sentido que exigia do ator Meierhold - ou seja, introduzir vivências sinceras no plano externo das construções de entonação e postura, fazendo-o a partir do olhar e da audição -, então aqui realmente o ator cairá em condições em que ele já não pode simplesmente viver sincera e fisiologicamente, e, logo, manifestar de uma ou de outra maneira a sua personalidade. Privado de seu "eu", ele cai nas mãos do diretor na qualidade de material privado de personalidade e pode ser colocado no cenário de duas dimensões, em frente de uma cortina preta - em uma palavra, posicionar como e onde quiser.

Aqui o talentoso e inteligente Vsévolod Emílevitch Meierhold cometeu um erro. Esquecendo-se do ator, ele foi até o teatro de Convenção, até a negação dos verdadeiros detalhes. Armado de excelentes conhecimentos no domínio da representação teatral, sabendo penetrar profundamente nas ideias do autor e manobrá-las perfeitamente, já que elas são abstratas, Vsévolod Emílevitch se afunda impotente nas profundas vivências dos homens vivos, perdendo-se entre a forma e o conteúdo. Em sua aspiração à criação de novas formas de teatro, ele desprezou o ator e pagou um preço alto por isso.

Stanislávski, que estava criando o Teatro-Estúdio, onde ele trabalhava junto com Meierhold na criação do teatro de Convenção, quando já estavam prontas algumas peças e era possível dar início à temporada, viu que não havia atores para a atuação no teatro de Convenção com as telas ao fundo, que, por enquanto, os atores não podiam fazer isso; dissolveu a trupe e fechou o Estúdio. E então transferiu o trabalho sobre o teatro de Convenção, com uma base completamente diferente, para dentro das paredes do Teatro de Arte. Mas Meierhold separou-se e organizou o próprio teatro, o qual nós vimos.

Eis que apenas aí, apenas nisso, em como Meierhold colocou o ator no teatro de Convenção, estava precisamente aquilo que o conferencista teme com toda a razão, isto é, que tal convenção poderia de fato despersonalizar o ator...[6]

No que se refere ao teatro de convenção e estilizado em geral, eu não posso de modo algum concordar com o conferencista. O espetáculo de convenção (não apenas na minha opinião, mas isso todos sabem, ainda que tenham trabalhado pouco no teatro) não só não despersonaliza o ator, mas muito pelo contrário, apresenta demandas tão enormes quanto à personalidade, vivências tão profundas, que se torna extremamente difícil satisfazer as solicitações dentro da escola teatral contemporânea.

O ator que é colocado tendo ao fundo a tela preta, no meio do imenso e vazio espaço do palco, é o único objeto, o único centro da atenção do público. Ele deve preencher todo o espaço apenas consigo, apenas com suas vivências, seu sangue deve aquecer este frio deserto.

Que concentração, que vivências profundas, que temperamento infinito é preciso para que sua atuação, além de transmitir os principais sentimentos da peça, faça também o público ver e escutar a floresta, o mar. E que incrível concentração e sinceridade é preciso para isto!

O menor enfraquecimento dos nervos aqui ameaça já ao tédio - uma coisa insuportável no teatro, visto que há muito é sabido que toda arte é boa, exceto a enfadonha.

E como o ator deve vivenciar o monólogo lírico nesse tipo de encenação, sendo que até hoje, quando tudo na cena ajuda o ator, não existe para ele nada mais assustador do que o monólogo? Quando ao principiá-lo, o ator, inquieto, já começa a ouvir se o público tosse, ou assoa o nariz, ou está entediado?

E o que dizer sobre a destruição das *mise en scènes* vivas, um dos principais procedimentos que estimula e refresca a atenção do público e que ajuda o ator a passar de um sentimento sincero a outro?

6 Em sua conferência anterior, intitulada "Sobre o Grande Ator", A.P. Davídov teria afirmado que o teatro de Convenção humilhava e despersonalizava o ator.

Em uma palavra, estou profundamente convencido de que por enquanto não há atores com esse tipo de individualidade forte, com esta vivência profunda, a qual é necessária tendo um fundo convencional.

É possível passar para um espetáculo mais primitivo, encenado com um fundo preto e na superfície apenas com o ator, por meio do grande ator, através da escola de vivências e da imersão sincera, por meio do desenvolvimento da individualidade. É preciso passar com cautela, observando cuidadosamente para que o grau da convenção do espetáculo não esteja à frente do desenvolvimento do ator e por isso mesmo não o obrigue a forçar a sua criação, o que logo e inevitavelmente será refletido na sua sinceridade da maneira mais lastimável.

Dos Diários

(1913-1914)

Vulgaridade e grosseria: aí estão as duas coisas que mais me cansam. Mas somos obrigados a dar de encontro com elas diariamente e aguentar. Às vezes eu aguento; outras, isso passa a irritar de tal modo que não consigo mais suportar.

Entretanto, ainda não sei como é melhor lutar contra isso: se é preciso ter paciência ou chamar a atenção de vez em quando.

O melhor é um comportamento rigoroso e inacessível; só que isso é possível num banco, numa ferroviária ou numa frota, mas não na arte, não na arte teatral, onde é preciso alcançar uma alma alheia, revelá-la com cuidado, necessariamente apaixonar-se por ela e animá-la, quer dizer, revelar-se também a si mesmo.

Mas é exatamente aí que começa.

Se durante os ensaios fosse possível conviver com todos das doze em ponto até às quatro, e a partir das quatro horas e cinco minutos interromper tudo e se afastar, bem que seria fácil.

Mas após os ensaios restam entre as pessoas uns certos fios, pelos quais elas puxam seja lá o que for e como for.

Agarre-se exatamente nisso. E logo será preciso aguentar ou largar. E tanto um quanto o outro são difíceis...

9 de dezembro de 1913

Da última vez em *A Festa da Paz*, no final do segundo ato, uma dama do público entrou em histeria. Isso me desagradou. Em geral não gosto muito da histeria, ou seja, o que significa dizer que não gosto? Uma pessoa se agitando em histeria sempre dá pena, tal como alguém num ataque epilético, pois em ambas há uma doença nervosa que ademais se manifesta desagradavelmente, agindo diretamente sobre os nossos nervos; mas apesar de tudo, isso é uma doença nervosa, assim como há doenças de pele, que são igualmente antiestéticas e agem desagradavelmente sobre os nervos.

Só que na histeria é desagradável, sobretudo, não a doença em si, mas o fato de que a maioria dos histéricos se gaba de sua histeria e por isso não apenas não luta contra ela, como, pelo contrário, cede fácil e conscientemente, sobretudo em público.

Penso que isso acontece porque a histeria é vista como um indicador de abalo profundo da alma, uma demonstração de grandes vivências espirituais e do interessante, tênue e profundo mundo espiritual do ser humano.

Entretanto, trata-se de um erro gigantesco. Eu estou convencido de que nenhum homem (ou mulher) que esteja de fato sentindo algo profunda e delicadamente sofre de forma tão escandalosa. É possível ser extremamente rude e desagradável entrar em histeria todos os dias e pelos motivos mais insignificantes, especialmente se for em público; a propósito, por uma razão qualquer, parece-me que as pessoas sujeitas à tentação do ataque de nervos muito raramente entram em histeria quando solitárias.

No meio da massa, em especial no teatro ou em outro lugar onde muita gente se reúne por um propósito assim chamado "ideológico", raramente o acontecimento se passa sem que haja histeria, pois basta que alguém não se contenha e grite a todos histericamente "Senhores, como é horrível; vejam como estou sentindo isso delicadamente; não consigo suportá-lo com a minha alma sensível", para que imediatamente os outros, fracos diante desta tentação, ecoem: "eu também estou sentindo delicadamente", "também tenho uma alma sensível".

É claro que a histeria pode ocorrer com pessoas fortes e profundas, mas isso é algo completamente diferente, origina-se de outra forma e acontece de outra maneira e por distintas razões.

A histeria é terrivelmente contagiosa e, a cada ano nessa nossa vida insensata, ela se torna mais contagiosa, tanto psicologicamente – dos desejos mesquinhos e fúteis de chamar a atenção para si mesmo –, quanto fisicamente – das inverossímeis e insanas condições de vida, da falta de trabalho e de tudo aquilo, que tão irremediavelmente abala nossos nervos e abre terreno para todo tipo de doenças nervosas.

E é exatamente para este ponto, para o fato de que a histeria é sobretudo o resultado de uma doença dos nervos, que é importante que eu chame a atenção dos atores. Os atores amam quando há ataques de histeria no público; isto é considerado um tipo de evidência de uma interpretação extraordinariamente forte, de um entusiasmo profundo, de uma vivência sincera etc.

"Hoje houve histeria duas vezes; como atuaram!" E, entretanto, parece-me que a histeria do público prova exatamente o contrário.

Uma vez que a própria histeria é não o resultado de vivências profundas, mas uma demonstração da irritabilidade doentia dos nervos, dos órgãos dos sentidos, assim também as causas provocadoras da histeria se referem não ao mundo espiritual ou moral, mas ao campo dos estímulos nervosos externos.

Quando um ator realmente vivencia algo, quando sua interpretação é uma "obra de arte", então por mais que ele deixe o espectador agitado, não haverá histeria. Eu me recordo de Duse e inclusive de Grasso e outros grandes atores, como Shaliápin ou Nikita, ou atores do Teatro de Arte nos melhores papéis e momentos, e não consigo me lembrar nem mesmo imaginar que a arte deles provocasse a histeria. Pelo contrário, entregando-se à sua arte, até as pessoas com os nervos desconcertados e propensas à histeria vão tranquilizar a alma e alcançar a satisfação espiritual. Pode ser que chorem no espetáculo, mas estas lágrimas serão completamente diferentes: serão lágrimas não para o público, mas serenas e discretas, lágrimas nobres, de enternecimento diante do bem e da beleza, lágrimas pelas infelicidades e o pesar dos homens; até mesmo, talvez, pelo próprio pesar, já que eu também sou um homem, e assim como os outros, estou sujeito aos sofrimentos; lágrimas deste tipo, pois somos todos infelizes, pois a vida é imperfeita, pois somos fracos no bem, pois amamos pouco uns aos outros etc. O verdadeiro talento, a verdadeira arte, fala precisamente apenas sobre isso.

O ator contagia o público com aqueles sentimentos que ele próprio vivencia. E, independentemente da dimensão de seu talento, cada ator tem formas melhores e piores de agir sobre o público.

Quando em A Festa da Paz *viveram mais profundamente e vivenciaram as tarefas decorrentes da ideia central da peça, quando estas tarefas vieram do núcleo do papel, que nasce de um jeito ou de outro da ação transversal da peça* (isto é, pessoas belas de alma se empenham no bem, mas não conseguem se dominar e sofrem profundamente com isto), *estas tarefas tocaram* notavelmente *a plateia*, tal como deve fazer a arte, e até em mim provocaram lágrimas, pois somos um tanto imperfeitos; cada um reconhecia a si mesmo e à própria alma nos personagens da peça, sofria tanto por eles quanto por si mesmo nesta luta contra suas paixões e defeitos, e se afligia, pois de uma forma ou de outra restava uma marca na essência do espetáculo: "Sim, nós somos assim, é uma pena para nós todos, mas o que poderíamos fazer para que fôssemos melhor? Ou não é possível melhorar? Hauptmann diz que não é, já que tudo depende da organização física e das condições externas, mas seria isto? etc.

etc." As rodas da vida espiritual foram tocadas e o mecanismo da alma pôs-se a trabalhar...

Esta é uma influência nobre e aqui não houve nenhuma histeria, visto que os atores agiram sobre o público *não por meio dos nervos, mas da alma.*

Tecnicamente, no sentido de técnica interior, ou seja, dentro do círculo, com os músculos relaxados etc., o ator estava executando uma série inteira de tarefas decorrentes da ação transversal da peça, tarefas ligadas também à ação transversal de seu papel, àquela essência do papel nascida da união da individualidade criadora do ator com a individualidade criadora do autor, expressa no cerne da peça.

Em seguida, gradualmente e a cada espetáculo, tais tarefas empalideceram e foram esquecidas pelo ator, restando na memória apenas formas através das quais as tarefas eram expressas, isto é, acumularam-se clichês exteriores, até um pouquinho mais tênues do que os exteriores. Restou na memória aquilo que agia sobre o público – não os clichês musculares que se criaram, mas os nervosos –, as tarefas perderam o brilho e a irritabilidade nervosa aumentou.

O riso ficou mais forçado, as lágrimas mais impetuosas, os gritos mais intensos, os soluços e sufocos mais barulhentos: os atores por si mesmos se excitam e irritam seus nervos; com estas sensações e estes nervos abalados e irritados, excitam e irritam os nervos do público, agora independentemente do motivo e da finalidade das lágrimas, do riso etc. Quanto ao autor, permanece somente nas palavras, que se juntam a estes nervos irritados e apenas por isso é que se conhece o conteúdo – não o conteúdo, mas a fábula –, pois o público já está comovido e abalado, contagiado pelos nervos abalados dos atores.

Eis um exemplo de como estes nervos irritados agem sobre os nervos do espectador, independentemente do conteúdo: em certa passagem, uma atriz ri em cena e, tendo começado a rir, seu riso fere cada vez mais, chegando a tal ponto que uma espectadora sentada a meu lado entra em histeria coincidindo ritmicamente com os suspiros e as crises da atriz, até que os soluços são simultâneos e ela logo se esvairá num pranto histérico do mesmo modo que a atriz gargalhará histericamente.

Entretanto, na peça, este riso é antes de tudo agradável e necessário ao autor, pois mostra que tudo deu certo e teve êxito exatamente enquanto a atriz executava uma tarefa relacionada à tarefa do autor; e foi assim.

Mais um exemplo: um ator ri de modo feliz, mas também está tão satisfeito com este riso, o exalta tanto, gargalha tanto e com tal sinceridade – reparem que é com nervosismo e sinceridade – que o público já não compreende e ouço cochichos: "Há histeria?"

Os atores se apaixonaram pelo próprio riso, pelas lágrimas e por seus próprios pavores mais do que por aquilo que originou tudo isso, aquilo que nasceu deles como artistas, e agora este espetáculo irrita os nervos com maior força, contagia lamentavelmente toda a plateia, mas contagia horrivelmente, penosamente, como uma histérica contagia outra. Isso significa irritar os nervos do espectador; isso é irritar os próprios nervos.

Quer dizer que sem qualquer razão, *precisamente sem qualquer razão*, sempre que alguém quiser será possível dar início ou forçar-se a dar início ao riso ou ao choro e assim conduzir-se à histeria? Como quiser. E se neste instante entrar na sala outra pessoa, será possível que ela não vá se contagiar com o seu riso e não vá começar a rir junto com você, igualmente sem qualquer razão, unicamente porque os nervos dela vibram sob a ação de seus nervos irritados?

A histeria é contagiosa.

Isso é precisamente o que acontece agora.

E aí está o porquê de eu não ter gostado do ataque de nervos que nós tivemos no Estúdio. Este é um caminho perigoso. Um espetáculo assim pode ter um sucesso estrondoso, já que o público gosta, adora isso que chamamos de "forte impacto", assim como gosta da tourada, da luta, do teatro de horrores, dos terríveis exercícios com fogo e dos saltos perigosos para a vida: tudo aquilo que "abala" e, portanto, entretém sem aprofundar. Mas então o teatro deixa seu pedestal e fica no nível de tudo aquilo que é entretenimento...

A histeria no teatro, em obras dramáticas, é um indicador tão ruim para o ator quanto uma gargalhada animalesca do público em obras cômicas. Tanto uma quanto a outra são superficiais e de mau gosto. A ambas se referem as palavras de Hamlet: "Não permita que os jograis falem mais do que lhes foi indicado. Pois alguns deles costumam dar risadas para fazer rir também uns tantos espectadores idiotas; ainda que, no mesmo momento, algum ponto básico da peça esteja merecendo a atenção geral. Isso é indigno e revela uma ambição lamentável por parte do imbecil que usa esse recurso."

Como nós, orientadores, lutamos contra isso? Em primeiro lugar, é preciso convencer os atores de que tal atuação é de mau gosto e de que este não pode ser o objetivo da arte. Contudo, eu penso que só se eles entenderem isso é que vão desejar evitá-lo por si mesmos, visto que certamente é preciso antes de mais nada que eles próprios queiram fazê-lo. Agora, se isto não for feito por inteiro e o ator se agarrar pela metade naquilo que lhe dá um sucesso tão estrondoso, ainda mais quando ele percebe como age "com força" sobre a massa, será difícil desistir e então provavelmente ele não se corrigirá; ele não se corrigirá, o que significa que seguirá adiante por este caminho e, no final das contas, acontecerá que em seu próprio temperamento restarão apenas duas matizes: a gargalhada e o pranto, além de qualquer outro murmúrio trágico e horror, e então tudo será extremamente desagradável e repugnante.

Mas a tentação é terrivelmente grande e é difícil lutar contra ela. Eu realmente não acredito que nossos atores vivam apenas assim em cena, mas agora eles estão nesse período de crescimento e por enquanto ainda não compreendem o que acontece com eles, embora já estejam indo por este caminho. Mais alguns espetáculos, e eles já ficarão estragados e então será ainda mais difícil trazê-los de volta.

É difícil ajudá-los principalmente por duas razões, e eu não estou falando sobre sucesso etc., mas simplesmente do ponto de vista técnico, pressupondo que eles compreendam isso e queiram se corrigir; é difícil, pois ao viverem em cena desta forma, o seu estado geral é ótimo; eles, como se diz, "viveram" sem extraordinário esforço, trocaram inclusive os mecanismos e contudo, não possuindo uma bússola na ação transversal, caíram naqueles mecanismos que de forma alguma podem ter lugar em determinada peça ou ato. Porém, nada perceberam, quer dizer, o estado geral estava ótimo, toda a face em lágrimas, o público foi aparentemente conquistado, e até demais – a histeria –, e o que mais querem deles? Isso já são critiquices. E aqui cada crítica é recebida como uma ofensa injusta. "Pois eu não forcei a lágrima ou o riso: eles vieram facilmente até mim por si mesmos", eis a primeira razão; a segunda é que realmente no tempo de trabalho sobre o papel justamente esses sentimentos, esse riso, esse medo etc. foram o objetivo no decorrer do semestre. Trabalhou-se precisamente apenas em cima disso, em chegar até esses sentimentos, e quando, finalmente, por um caminho de trabalho obstinado e sofrido, o ator os encontra em si mesmo, não lhe é permitido vivenciá-los como ele gostaria.

Ele se esquece de como foi sua procura, daquilo que o ajudou no trabalho, do fato de que tudo foi em busca das raízes dos sentimentos do autor e dos seus próprios sentimentos, bem como da união entre eles, se esquece de que os sentimentos surgiram por si só quando chegou a hora, quando pelo caminho do aprofundamento em direção à sua própria alma criadora e à alma do autor nasceu ali, em algum lugar das profundezas, a união de ambas, e então vieram da alma aquelas tarefas que ao serem realizadas deram origem aos sentimentos; se lembra apenas de alguns de seus próprios sentimentos e de como eles se expressam. Até mesmo encontrando-os sinceramente esquece *a sua finalidade e, tendo se apaixonado mais por seus sentimentos do que pela origem que tiveram,* não dominando nenhum objetivo, exceto um, ou seja, como viver de forma mais clara com esses sentimentos, revolve-os, treme, provoca seus nervos e levando esta irritação nervosa até os limites físicos mais extremos, arruína os seus nervos e os dos outros, além de distorcer o temperamento.

E é preciso dizer sem falta que sim, vocês estão "vivendo" sinceramente, *com os nervos,* em cenas agitadas, estão chorando e rindo com sinceridade, mas sem nenhum objetivo além de mostrar os próprios sentimentos; isto é, em princípio, vocês provocam aquela mesma histeria e não criam.

Concentrem-se o máximo possível, revivam em sua memória intelectual, sensorial e espiritual tudo aquilo que vocês viveram quando buscavam a si mesmos neste papel da peça. Isto é, em outras palavras, realizem todo o trabalho criador sobre a peça no início. Mas uma vez que o trabalho já tenha sido feito, então agora em vez de gastarem metade do ano nele, gastar-se-á um dia ou dois, e, em seguida, antes de cada espetáculo, é preciso mais uma vez incluir-se neste caminho, ou seja, recordar a peça, o seu cerne, a sua ação transversal, o seu papel, o cerne do papel, a ação transversal, e então as tarefas e executar um após o outro: somente assim haverá a criação.

Parece-me que existem dois tipos de esforços e clichês: o muscular e o nervoso.

O muscular é quando uma pessoa, sem sentir nada, tenta lembrar de cabeça como forçar a contração dos músculos que participam das manifestações deste ou de outro sentimento, tentando, assim, passar um sentimento. Alguns atores fazem isso com muita habilidade, muita semelhança e até mesmo com um interior absolutamente vazio; mas apesar de tudo, nós, isto é, nosso teatro, até mesmo os alunos, o reconhecemos e descobrimos com bastante facilidade.

Já o outro clichê é o nervoso, quando o ator encontra o sentimento vivo por intermédio da análise correta da peça, do núcleo, da ação transversal, por meio das tarefas etc., isto é, encontrando o caminho tanto em si quanto nos sentimentos vivos, e depois, gradualmente se esquecendo da razão de existirem tais sentimentos, o ator começa a viver *apenas* com os sentimentos, irritando os próprios nervos sensoriais através dos quais os sentimentos passaram quando foram criados. Ele até é sincero nos próprios sentimentos, mas está sem objetivo e, portanto, é desnecessário em cena.

O primeiro clichê é possível sem qualquer trabalho sobre o papel, enquanto o segundo se formará nos espetáculos. O primeiro me parece semelhante ao homem que arranca com as mãos uma flor da terra, para que ela cresça, arruma os botões com os dedos etc., completamente esquecido das raízes. O segundo clichê planta uma semente, cuida das raízes, rega e afofa a terra enquanto a flor não cresce. E, quando ela cresce, abandona gradualmente as raízes e dá toda a atenção para a flor; e para que ela fique mais bonita, começa a pintá-la com tintas a óleo; por causa disso, as raízes secam ainda mais e as flores, por sua vez, também empalidecem; então, pinta-as ainda mais, toda a planta murcha completamente e o que resta é uma boneca morta, repugnante e borrada.

Mas onde está aquele que sempre irá tratar apenas das raízes e alcançará a exuberante florescência de toda a planta? Há poucos. Este é o destino dos grandes talentos. Ou, em parte, daquelas pessoas que, embora não sejam extremamente talentosas, têm uma visão de mundo ampla e abrangente, para as quais nunca os próprios *sentimentos*, a força que possuem, a sua exibição para a multidão e, portanto, o seu engrandecimento diante dela, estará em primeiro plano nem ofuscará a razão pela qual *lhes é agradável* e alegre vivenciar estes sentimentos em cena. Se Chátov, na cena de Chátov com Stavrognim, for interpretado não por um ator de talento excepcional, mas por um ator para quem existe a questão sobre Deus, sobre o seu culto e sobre o melhor cumprimento de seu próprio dever na terra, isto é, se estas questões não são alheias a ele e de uma ou outra maneira inquietam sua alma, esta cena será maravilhosamente representada, pois o ator nunca esquecerá a *tarefa* para a qual entrou em cena e seus sentimentos sempre surgirão desta tarefa, do cerne da peça e do papel, e apenas para a realização desta tarefa; e ele nunca abandonará esta tarefa nem trocará este estado geral em cena pela demonstração dos seus próprios sentimentos ao público, pela demonstração de *si próprio*: "Vejam, dizem, como eu sou capaz, quão sensitivo e talentoso eu sou, como consigo emocionar vocês."

Existem pouquíssimos talentos excepcionais, quase não há, a maioria está na média ou abaixo dela, mas há aptidões atraentes e agradáveis, das quais poderiam se formar bons atores. Quer dizer, é impossível esperar que atores de talento mediano se relacionem com a arte da mesma forma que os talentos realmente excepcionais.

Também não é possível acrescentar talento. Ou seja, além da escola especializada – o "sistema" –, igualmente necessária tanto ao talento excepcional quanto ao mediano ("O 'sistema' é para os talentosos" - Stanislávski), há uma única maneira, um único meio de ajudar o talento mediano a se tornar um bom ator que trabalhe nas raízes da arte, a se tornar um artista verdadeiro, e não um representador de qualidades e características pessoais. Este meio é encontrar uma maneira de elevar e ampliar a visão de mundo, uma maneira de aprofundar o olhar sobre a vida e a relação com ela, desenvolver uma atitude mais ampla com relação às questões filosóficas, morais e sociais: trabalhar sobre a intuição em todas as esferas da alma e da natureza humana...

Mas como fazer isso e quem poderá fazê-lo?

E ainda pode surgir uma questão: Não seria demais que houvesse muita razão na criação? Tanto no próprio "sistema" quanto inclusive na expansão e no aprofundamento da visão de mundo?

Certamente, tudo o que for possível deve ser feito intuitivamente, mas nem todos estão dotados de intuição e, além do mais, a própria intuição pode em grande parte ser estimulada e despertada através da razão.

"Do consciente ao inconsciente", como falou Constantin Sergueivitch [Stanislávski] em seu "sistema".

Na inauguração do Estúdio, Vladímir Ivánovitch falou sobre a intuição e isto alegrou minha alma. Eu sempre, a vida inteira, odiei a razão quando ela se torna a dona, mas ela é uma ótima criada e é preciso saber servir-se dela.

É muito bom o que Tchékhov escreveu na quarta coletânea de cartas: "Grigorovitch pensa que a razão pode superar o talento. Byron era inteligente como cem diabos, contudo foi o talento dele que sobreviveu. Se me disserem que x falou um disparate destes, que a inteligência dele superou o talento, ou o contrário, então eu direi: isto quer dizer que x não tinha nem inteligência nem talento."

4 de abril de 1914
Petersburgo

Hoje li Amiel[7]: "Estudando nós aprendemos; contando, observamos; afirmando, seguimos; mostrando, enxergamos; e quando escrevemos, pensamos. Agitando a água, nós a atraímos para o próprio poço."

Frequentemente durante o trabalho, eu pensava (e até experimentava) que se o ator não avançava em seu papel, deveria inflamar-se com ele, não a partir do diretor, mas colocando-se ele mesmo no lugar do diretor, isto é, mostrando como gostaria que este papel fosse feito; deveria contar a alguém sobre o seu papel. É rotineiro o diretor frustrar todo o encanto e frescor do trabalho criador do ator, deixando-se arrebatar por seu papel, explicando-o muito e com fervor, mostrando-o, criando. Se faz isso mal, é simplesmente uma perda de tempo; se faz bem, o ator se vê privado da alegria da primeira união da sua alma com o papel e começa a copiar aquilo que o diretor conseguiu; e isto também é ruim, muito ruim.

O diretor precisa arder com as imagens e com a peça, mas ser paciente e compreender que antes de mais nada ele é um *espelho* – nisto está o essencial de sua destinação –, e todo o seu grau de saturação pelas imagens, o entusiasmo pela peça, o seu arrebatamento criador é nada mais do que um amálgama, graças ao qual ele pode ser um espelho, e não um vidro oco que não consegue refletir nada e, portanto, inútil.

Novamente em Amiel:

> Até que ponto são prejudiciais, contagiosos e doentios: o constante sorriso da crítica indiferente, esta zombaria insensível, que fere, examina e destrói tudo, que é decepcionante em cada

7 Henri-Frédéric Amiel (1821-1881), poeta suíço pouco conhecido em vida. O reconhecimento veio para ele após a morte, quando teve seus diários publicados por amigos. Esse fato é tido como um marco na mudança do tratamento para com os diários que passaram a ser vistos como um gênero literário.

obrigação pessoal, em cada afeição mortal e que valoriza apenas o entendimento e não a ação!

O criticismo, que se tornou um hábito, um modelo e um sistema torna-se destrutivo para a força moral, a fé, quaisquer forças.

Esta espécie de inteligência é muito perigosa para nós, pois estimula todos os maus instintos, a indisciplina, o desrespeito e o individualismo egoísta.

Como isso é verdadeiro! Como é preciso lembrá-lo justamente no Estúdio, a todos os atores, a todo aquele que trabalha na cena, a todas as pessoas que participam numa criação coletiva. E como temos muito disso, mais precisamente entre a juventude! E o pior de tudo é que, com essa característica da inteligência, alguns ainda se exibem, vendo nisso algo positivo e que os distingue dos outros, uma certa posição privilegiada. Que erro fatal e deturpação de ideias sobre as características da alma do ator!

6 de abril de 1914

Assim intitularei um livro sobre a ética e a arte cênica: *Ao Ator e ao Diretor, a Todo Aquele Que Faz Parte da Massa, o Maquiador, o Aderecista, a Cada um Que Vive Para a Cena ou Trabalha Nela. Ou de Quem a Vida Passa em Cena ou Atrás Dela*. Mas pode ser apenas: *Sobre a Ética e a Arte da Cena*, ou simplesmente o contrário: *Sobre a Arte e a Ética Cênica*. Os pensamentos e observações são de Gógol, Shchepkin, Shakespeare, Tolstói, Stanislávski, Nemiróvitch-Dântchenko, Tchékhov e Chopin[8].

8 Sulerjítski refere-se ao escritor russo Nikolai Gógol (1809-1852); a Mikhail Shchepkin, célebre ator russo do século XIX; aos escritores William Shakespeare (1564-1616) e Lev Tolstói (1828-1910); aos diretores Stanislávski (1863-1938) e Dântchenko (1858-1943); provavelmente ao escritor russo Anton Tchékhov (1860-1904) – e não ao ator Mikhail Tchékhov –, e, por fim, ao pianista polonês Fréderic Chopin (1810-1849).

Dividirei por partes - *a técnica, as tarefas da arte cênica, os ideais* -, aqui estará tudo aquilo que eu lembro de ter anotado de Vladímir Ivánovitch[9], Constantin Sergueievitch e meus pensamentos, e aquilo que anotei em meu trabalho com Vakhtângov e outros.

Na introdução, será preciso dizer que é só um material, que não há equilíbrio no livro nem pode haver, pois é impossível trabalhar e anotar simultaneamente. É comum esquecer-se do mais valioso, mas de qualquer modo, com o tempo, todo este material incerto em combinação com outros esboços igualmente incertos e talvez trabalhos mais planejados e inteiros conservarão, apesar de tudo, ao menos algum rastro e a lembrança, senão de como criavam e daquilo que alcançou o Teatro de Arte, ao menos daquilo que queria e para onde se dirigia, quais os seus ideais e como ele buscava seus caminhos para a conquista desses ideais.

A arte cênica - única da qual não resta qualquer lembrança - não tem como permanecer, já que seu único material é a palpitação (a pulsação) de um coração vivo em dado momento, o sentimento afetivo (*afektivnoe chuvstvo*)[10] que nasce bem aqui, para o espectador que se inquieta e que inquieta o coração do espectador; a sua transmissão imediata, de um coração a outro.

Morre o dono desse coração (o ator), morre o dono do outro coração que estava junto ao ator (o espectador), e não há nada além das palavras "O ator foi magnífico!" e de fotografias mortas - não resta nada.

Agora, se for possível conservar ao menos aquilo que entusiasmava o ator e o diretor, se for possível conservar, se não a sua própria criação e seus sonhos sobre criação, ao menos seus ideais e desejos, então só isso já poderá nos dar uma noção sobre quem foi tal artista.

9 Novamente Vladímir Ivánovitch Nemiróvitch-Dântchenko.

10 A palavra russa *chuvstvo* tem mais de um significado, podendo referir-se tanto à sensação emocional quanto à sensação física. Stanislávski usa o verbo "sentir" (*chuvstvovat*) e seus derivados conscientemente, invocando tal multiplicidade, já que o "sistema" do ator trabalha em todos os níveis (físico, emocional e intelectual) ao mesmo tempo. Aqui, da mesma forma, a terminologia "sentimento afetivo" refere-se não apenas ao nível emocional, mas também ao físico.

Transmitir em cena imagens histéricas e almas tão esgotadas pelo fato de o ator esgotar os próprios nervos, interpretando a noite inteira em tom geral de esgotamento e contaminando o público com os seus nervos abalados, é uma técnica completamente errônea, de mau gosto, antiartística, que não dá alegria de criação nem ao ator nem ao espectador, ainda que esta técnica aja igualmente com força, mas aqui agem os nervos doentes do ator e não a percepção artística da imagem (é o ator que tem os nervos estragados e não a sua personagem).

A imagem de uma pessoa transtornada e histérica é atingida artisticamente assim como qualquer imagem, não pelo tom geral, mas por uma seleção adequada de tarefas, sua ordenação, o desenho correto do papel e, na medida do possível, a partir das realizações sinceras de si nesse desenho, e de cada tarefa separada, situada na base de cada trecho separado, unidos pela ação transversal.

Então isto será arte, a qual, por mais que encarne imagens terríveis, sempre alegra e vive; do contrário, isto é uma clínica, o esfolamento da própria pele por influência.

22 de setembro de 1914

Ontem, K.S. [Stanislávski] esteve a primeira vez no Estúdio; estiveram reunidos todos os jovens para uma conversa sobre a populosa cena do baile de Fámussov[11].

No final, começou uma conversa sobre os *exercícios* do "sistema". "Por que até agora não se formou uma classe regular e cotidiana, na qual seriam produzidos estes exercícios tanto por atores jovens, quanto pelos velhos atores?"

Eu sei: K.S. sonha que algum dia se estabelecerá uma classe assim, *que toda a trupe* do Teatro de Arte frequentará diariamente por meia

11 A juventude do Teatro de Arte estava ocupada com a cena do baile no terceiro ato de *A Desgraça de Ter Inteligência* e no quarto ato, com a cena da partida das visitas. Em 1914, o espetáculo foi retomado para a cena do TAM. (N da E. russa.)

hora, digamos, antes dos ensaios, ou entre eles, e onde exatamente esses exercícios serão praticados com rigor por todos, segundo o "sistema", como cantores executam vocalizos (comparação de K.S.) independentemente da parte que lhes cabe.

Os exercícios devem ser em separado:

- para o relaxamento dos músculos;
- para a introdução de si no círculo;
- para a afirmação de si mesmo na fé e na ingenuidade;
- para a habilidade de conduzir-se a si mesmo a qualquer estado afetivo (*afektivnoe sostoianie*) que seja, a habilidade de trazer para si aquela sensação que K.S. chama "eu sou" (*ia est*)[12], diante de diversas existências ou de alguns conjuntos de acasos etc.;
- para estabelecer o objeto vivo;
- para a estimulação em si do estado de prontidão para o trabalho por meio de todos esses caminhos etc.

Além disso, todas essas tarefas devem ser atraentes, devem *interessar a vontade* (*volia*)[13], pois conforme a *expressão* de K.S., *que ele sempre verbaliza*: "Não se pode mandar na vontade criadora - é possível apenas atraí-la."

Durante a reorganização das personagens em *A Desgraça de Ter Inteligência,* sua indicação para M.N.G.[14] era: "Não se ponham a negar uns e outros traços de sua personagem, não os expulsem à

12 Trata-se da sensação do ator de estar totalmente presente no momento dramático. Este termo funciona no "sistema" como sinônimo para "vivenciar/experienciar" e, na prática, todos os elementos do "sistema" que relaxam o corpo e concentram a mente para a preparação do trabalho podem promover este estado chamado "eu sou". Uma vez que este termo tem como fonte o yoga (no yoga, "eu sou" é utilizado para definir a consciência que alguém tem de seu lugar na criação), seu uso no "sistema" carrega conotações espirituais implícitas.

13 No "sistema", *volia* corresponde a um dos três iniciadores da vida psíquica e do processo criativo. O fato de "desejar", "ter vontade" de resolver o problema de determinada personagem é o que impulsiona o ator a entrar em ação.

14 Evidentemente, M.N. Germanova, que estava interpretando o papel de Sófia, em *A Desgraça de Ter Inteligência.*

força; eles mesmos irão embora se vocês se interessarem por *outras* cores, que por si mesmas também ficarão no lugar das que lhes forem inúteis, pois vocês se apaixonarão mais por elas."

E eu ainda acrescentaria que talvez estas tarefas devessem ser ao mesmo tempo atraentes não apenas para o ator, mas também àquele que acompanha esses exercícios, o diretor ou o professor.

K.S. considera que enquanto esses vocalizos psicológicos[15] – aliás, ele disse não "psicológicos [...]", mas *vocalizos* para a vontade, para a vontade criadora – não forem realizados em tal ordem rígida e sistemática, não será possível considerar que a arte dramática tenha se tornado uma verdadeira arte e não diletante.

K.S. citou o exemplo de Dalcroze[16], de como até uma pequena ideia é perfeitamente sistematizada e explorada.

Há muito tempo tenho dúvidas quanto a esse ponto de vista, e quando conseguia dividi-las com K.S. num momento tranquilo, ele geralmente de uma forma ou de outra concordava comigo. Tenho algo contra a realização e o modo de empregar o "sistema" como imagina K.S.

Possuindo uma experiência de seis anos, eu tentei ontem conversar sobre esse assunto com K.S., mas em meio a tanta gente, não saiu como eu gostaria. Tentarei fazê-lo aqui.

Em um dos ensaios, K.S. aconselhou:

> Eis que agora vocês já acreditam nesta árvore, nestas passagens, já se revelam aqui, nestes cenários, mas ainda é muito necessário ensaiar, pois não estão claras as relações destas personagens. Eu aconselho: abandonem a cena, sentem em duas cadeiras (dois dos presentes se apresentaram) e ensaiem, mas deixem a cena em paz; do contrário, irão banalizar seu estado

15 Aqui a palavra utilizada foi *duschevnie*, a qual poderia também ser traduzida por "moral", "espiritual", "da alma". Uma vez que a ideia de psique russa compreende a ideia de alma, optou-se pela tradução "psicológicos".

16 Emile Jaques-Dalcroze (1865-1950), criador de um sistema de educação musical inteiramente fundamentado em exercícios corporais e mundialmente difundido a partir da década de 1930.

geral cênico. Já não irão entusiasmá-los as atmosferas cênicas, as passagens, as árvores etc. É preciso guardar isto sempre para que se conserve o frescor da influência da atmosfera cênica.

E ensaiem, agora sem a cena, tudo o que for necessário.

20 de [ilegível]

Após As Três Irmãs

Stanislávski – Mas para que palavras? Sem palavras é possível transmitir com maior sutileza diferentes sentimentos. Por exemplo, que atriz transmitia em cena sentimentos mais exatos do que Duncan? Se compararmos Duncan e Duse[17], então eu prefiro Duncan. O teatro deve atingir esta arte até desenvolvê-la a tal ponto de transmitir tudo sem palavras.

Sulerjítski – Isto está completamente errado. O teatro do drama é aquele tipo de arte cênica, um meio no qual há não apenas os *sentimentos*, mas também os *pensamentos*, as *ideias*: e onde entram os pensamentos, onde o ator deve contagiar o público, reproduzir não apenas os *sentimentos*, mas também os *pensamentos*, aí a *palavra* é imprescindível e, além disso, as palavras por si só juntamente com outras formas de expressão dos *pensamentos* e *ideias* que as auxiliam, possuem ao mesmo tempo a capacidade de serem belas, é possível aproveitá-las como matéria da arte, como se faz na poesia. Elas têm música, ritmo, estilo de língua do autor etc., sem falar na voz, este delicado material para a arte. Se as *palavras* são rudes no palco, nisto os culpados são vocês, as pessoas do teatro, e não a palavra em si. Isto quer dizer que vocês ainda não encontraram um modo de pronunciar as palavras, expressar os sentimentos e pensamentos com as palavras.

Os atores *sempre compreenderam* o teatro dramático como uma arena, onde eles competiam em *representações de sentimentos*. E, nessa

17 A bailarina americana Isadora Duncan (1877-1927) e Eleonora Duse (1858-1924), uma das principais atrizes europeias de fins do século XIX e início do XX.

esfera, havia grandes atores, que sabiam sentir a beleza e a força dos sentimentos e *recorriam às palavras*, já que elas davam a possibilidade de representar os sentimentos. *Vivenciar* os sentimentos – bem ou melhor – muitos conseguiam, mas *vivenciar os pensamentos* juntamente com os *sentimentos*, sentindo já neste momento toda a beleza da língua da obra e a beleza da *palavra*, disso ainda ninguém é capaz. Isso, eu afirmo, ainda não foi tocado, não se vive ainda pela beleza do próprio pensamento.

Eis que este deve ser o próximo degrau no desenvolvimento do teatro dramático. E é maravilhoso que ele não tenha sido alcançado, pois os atores ainda não sabem como pronunciar as palavras de forma bela, para que elas expressem não apenas o sentimento, mas também o pensamento – viver não apenas com os sentimentos, mas também com a *ideia*, o *pensamento* das obras (exemplos: *Brand*, *Rosmersholm*)[18]. É necessário encontrar o que o ator precisa estudar para que ele possa se entusiasmar com as ideias da obra, tal como Duncan encontrou o que precisava estudar para a sua própria arte. Talvez o ator precise estudar os pensamentos, as ideias, conhecê-los melhor do que os atores habitualmente os conhecem; além disso, talvez, seja preciso possuir para essa arte alguma qualidade extraordinária. Todavia, dizer que as palavras são grosseiras é errôneo, simplesmente os atores ainda não alcançaram as tarefas. Aqui algo ainda não foi encontrado e o "sistema" de K.S. é o sistema para a vivência correta dos sentimentos. E, nessa esfera, este é o último ponto do desenvolvimento da arte cênica como a arte da vivência, este é o último ponto encontrado no desenvolvimento do teatro dos sentimentos. Com isso termina um período inteiro da vida do teatro. O máximo desenvolvimento do teatro como o teatro dos sentimentos – Grasso e Stanislávski (intuitivo e dedutivo).

Neste período, o pensamento (a ideia) sempre esteve na cena na medida em que ele não podia não se revelar por si mesmo, e frequentemente o ofuscavam e atrapalhavam completamente, desenvolvendo

18 *Brand* e *Rosmersholm*: peças de H. Ibsen. *Brand* foi mostrada pela primeira vez pelo Teatro de Arte em 20 de dezembro de 1906 com V.I. Katchálov no papel principal. *Rosmersholm* foi encenada por V.I. Nemiróvitch-Dântchenko em 1908 e por E.B. Vakhtângov em 1918 no Primeiro Estúdio do TAM. (N da E. russa.)

os sentimentos de sua maneira, independentemente do pensamento. Lembrem as palavras de Stanislávski: "desenvolva em si este sentimento, mas as palavras, o autor é quem dirá".

Agora, o desenvolvimento do teatro deve ir em frente na direção à reprodução por meio de *sentimentos*, os quais na cena já não serão os mesmos para si, não o único objetivo, mas um *meio* em direção à reprodução das ideias. Isto ainda não foi encontrado.

E que no teatro haja uma tendência (Craig/Stanislávski) a privá-lo de suas *palavras*, mostra-me apenas o vazio de nossa vida. Eu estou convencido de que este desejo de um teatro sem palavras – teatro da beleza externa (como se não houvesse a beleza de uma ideia, a beleza do pensamento, a beleza da palavra, do som) – depende do espírito da época.

A beleza do pensamento e das ideias é a maior das belezas, o maior tipo de arte, e que ela é possível apenas através das palavras, que as ideias e os pensamentos podem ser matéria da mais elevada arte, isto nos provam Byron, Tolstói, Dickens etc. Na literatura, vemos isso – é preciso encontrar isto na cena.

Que as palavras atrapalham ao expressar um sentimento ou uma ideia, isto é, seria como se Duncan dissesse que *as danças, os movimentos com as pernas no balé* a atrapalham ao transmitir suas sensações, e, por isso, renunciasse aos gestos e poses. No entanto, ela não o fez, pois justamente isso também é matéria de sua arte. Ela desistiu de "tais gestos" e encontrou novos, próprios, encontrou um novo modo para o gesto e o movimento. Ela estudou o gesto e a pose em Botticelli, na antiga escultura etc. e os encontrou.

Perguntam-me: "Surgem objeções: 'Para onde então pode este teatro, o teatro das palavras, desenvolver-se mais adiante?' Pois ele já atingiu seu apogeu." Eu imagino a bailarina que também podia dizer à exigência de Duncan que o balé já não pode se desenvolver mais, que é impossível movimentar as pernas mais rápido, que não dá para ficar mais tempo nas pontas dos pés. Entretanto, Duncan mostrou que é possível. Ela impulsionou adiante justamente este tipo de arte, conservando todos os seus elementos básicos.

É o mesmo no nosso caso, o Teatro de Arte é apenas o primeiro degrau desta montanha. E seria necessário alguma Duncan que movesse adiante *justamente* esta arte e não outra. É possível também criar outra arte, mas isto seria um erro - não é preciso dizer que o teatro sem palavras é uma ideia de desenvolvimento do teatro. Será possível dizer que sem palavras pode ser mais fácil transmitir pensamentos e ideias? Isso é um erro completo. O monólogo "Ser ou não ser" pode ser dito apenas com palavras.

Quase não se compreende a beleza dos pensamentos e ideias. O pensamento é perigoso e quanto mais talentoso o pensamento, maior o perigo. E quanto mais bonito, tanto pior. Não querem seguir o pensamento, têm medo dele. Em nossa vida cheia de contradições, baseada na mentira e no engano, nas impressionantes cegueiras e crueldade, não podemos nos deleitar com as belezas do pensamento e da ideia, pois a beleza da ideia é a realidade, a verdade. E nossa vida inteira se passa precisamente nisto: em escondermos a verdade de nós mesmos o mais longe possível. Nunca ela foi tão intolerável quanto agora. Não se pode sentar e deleitar-se com as belezas da realidade, da verdade, quando nós sabemos, nós nos esforçamos em não saber, fingimos que não sabemos, mas mentimos uns aos outros, e mentir para si é difícil, nós não somos tão obtusos quanto os antigos gregos.

Quando nós sabemos que nossas vidas custam vidas de centenas de milhares de pessoas, que nós tiramos o leite de crianças, que separamos famílias, expulsamos as moças para se venderem a nossos filhos, que nós com nossa vida - sim, sim, tudo isso nós sabemos - tiramos da imensa maioria das pessoas a última sanfona, sufocamos a canção com o estrépito dos carros nas fábricas, onde obrigamos as pessoas a trabalharem para nós, as privamos não apenas do pão, da terra, mas também do céu, e nós sabemos disso tudo. E perto, bem aqui, perto de nós, ombro a ombro, nossos obreiros, os cocheiros, os mendigos, as crianças, que nos importunam com pedidos de copeques - será possível não ver tudo isso? Realmente todos mutilados pelas fábricas e na cidade cuidadosamente somem da nossa vista, nós nos protegemos de todos os lados, mas, infelizmente, não conseguimos – nós quase não vemos, mas sabemos.

Nós já não somos tão primitivos para esconder a cabeça como um avestruz, pensar que não há para ele nada de ruim, já que ele não vê, e nem somos tão toscos e cruéis como os antigos gregos ou até mesmo nossos avós – escravistas – oh, nós somos delicados, muito delicados!

Quanto mais nos opomos, mais a verdade flui e flui, melhorando-nos, apesar de toda a nossa resistência.

Como então o teatro pode se tornar um templo?

Ele é como em *Brand* – vem para cá escutar, como a voz do orador ora se ergue, ora se silencia com doce tormento etc. De templo, o teatro se transforma em diversão.

O Teatro de Arte está no limite: ele elabora em seu próprio interior uma atitude para consigo mesmo, como em direção a um templo; e, por isso, começa por si só a chegar perto da verdade e passa a temê-la, recuar, oscilar juntamente com toda a arte e o seu desenvolvimento, tal como disse Tolstói: "O talento é dotado de uma qualidade especial que leva à verdade."

E agora é terrível: ir ou voltar?

Não desviem: busquem!

De qualquer forma, a qualidade especial virá e a questão está apenas em: vocês virão com os primeiros ou com os últimos?

Virão por si só ou serão trazidos?

Até agora ninguém teve pena de ir em busca da verdade.

[Sem Data]

No caminho do ator dramático, a imensa maioria ingressa ou sentindo em si, de fato, capacidade para esta arte ou imaginando que a tem. Mas qual o objetivo e por que tal multidão se esforça para a cena? Em que consiste essa capacidade?

Esta é a qualidade especial do homem talentoso, que possui talento dramático ou os assim chamados sentimentos afetivos, isto é, a qualidade especial de chorar, rir, invejar, horrorizar-se etc. Viver com diferentes sentimentos em público não pelas razões existentes, mas apenas pelos motivos imaginados, sugeridos a ele pelo autor da peça, a quem ele interpreta, ou pela própria fantasia que estará criando a ele uma ou outra medida para os sentimentos. Em uma ou em outra ordem, qual ele precisará para seu objetivo? A essência desta arte está naquilo que os sentimentos necessariamente comunicam - segundo o grau do talento do intérprete - ao espectador, e o agitam como se ele mesmo vivenciasse isso tudo.

Os espectadores juntamente com o intérprete choram, riem, se horrorizam. Dizem: "Como ele prendeu a plateia!"; "Ele comoveu os espectadores"; "Toda a sala como uma ergueu-se junto a Moltchálov."[19]

"Hoje estão chorando sem cessar" - e não há para o ator alegria maior do que olhar pela fendinha como na sala de espetáculos aparecem lenços brancos e se ouve o assoar de narizes após a sua cena.

E eis que este poder sobre os espectadores, eis que a consciência de que "eu fiz a plateia chorar, rir, tremer de medo", esta demonstração das qualidades especiais da própria alma, como num circo, retrata a liberdade de seu próprio corpo, que, somado a este poder sobre as almas dos outros, constituem a principal sedução e encanto da cena...

E eis por que os artistas de circo que representam independentemente de sua sinceridade - quer dizer, do talento – nomeavam os comediantes, perfeitamente com justeza ligando-os substancialmente às pessoas que divertem seu próprio corpo ou alma. Além do mais, reparem que em relação aos acrobatas sempre se referiam mais brandamente do que aos atores. Faz pouco tempo que o ator se livrou do desprezo, e foi algo muito pequeno, mas antes que ele alcance a condição de sacerdote, e o teatro, a condição de templo, ainda será preciso fazer muito, muitíssimo, e disso trataremos adiante...

19 Provavelmente Pavel Stepanovitch Moltchálov (1800-1848), importante ator russo do Teatro Máli.

Quando um ideal for atingido, então será enfadonho... Por que vocês pensam que quando esse ideal for atingido, então não haverá outro mais alto do que ele?

Este é um ideal, pois nós não podemos imaginar nada mais alto do que isso no nosso momento.

Uma perfeição sem fim.

Não se pode tão imprudentemente pegar nas mãos uma arma tão poderosa quanto a arte e tratar dela com tamanha imprudência e desconhecendo suas forças, em prol de seus interesses, do êxito ou das vantagens que ela traz.

Bibliografia

AMIEL, Henri-Frédéric. *Diário Íntimo*. Trad. Mário Ferreira dos Santos. São Paulo: É Realizações, 2013.

ANGELIDES, Sophia. Nota preliminar. *Carta e Literatura: Correspondência Entre Tchékhov e Górki*. São Paulo: Edusp, 2001.

ARRUDA ARANHA, Maria Lúcia de. *História da Educação e da Pedagogia: Geral e Brasil*. 3. ed. rev. e ampl. São Paulo: Moderna, 2006.

____. Introdução à Moral. In: ARRUDA ARANHA, M.L. de; MARTINS, M.E.P. (orgs.). *Filosofando: Introdução à Filosofia*. São Paulo: Moderna, 1986.

BAKTHIN, Mikhail. *Questões de Literatura e de Estética: A Teoria do Romance*. Trad. Aurora F. Bernardini et al. 4. ed. São Paulo: Editora Unesp, 1998.

BASSÍNSKI, Pável. *Tolstói: A Fuga do Paraíso*. Trad. Klara Guriánova. São Paulo: Leya, 2013.

BATCHÉLIS, Tatiana. Stanislávski e Meyerhold. In: CAVALIERE, Arlete Orlando; VÁSSINA, Elena (orgs.). *Teatro Russo: Literatura e Espetáculo*. Cotia: Ateliê, 2011.

BENJAMIN, Walter. O Narrador: Considerações Sobre a Obra de Nikolai Leskov. *Obras Escolhidas: Magia e Técnica, Arte e Política*. São Paulo: Brasiliense, 1985. v. 1.

BERNARDINI, Aurora Fornoni. As Cartilhas do Conde Liev Nikolaievitch Tolstói. *Contos da Nova Cartilha: Primeiro Livro de Leitura*. Cotia: Ateliê, 2005.

BERTHOLD, Margot. *História Mundial do Teatro*. São Paulo: Perspectiva, 2004.

BÍRMAN, Serafima. *Sudboi Darovanie Vstretchi*. (Encontro de Pessoas Com Talento.) Moskva: Iskusstvo, 1971.

BOHM, Winfried. *História da Pedagogia de Platão à Atualidade*. 3. ed. Florianópolis: Conceito/C.H. Beck Wissen, 2010.

BOLESLÁVSKI, Richard. *A Arte do Ator: As Primeiras Seis Lições*. Trad. e notas J. Guinsburg. São Paulo: Perspectiva, 1992.

BULGAKOV, Valentin. *O Tolstom, Druzia i Blizkie*. (Sobre Tolstói, Amigos e Próximos.) Disponível em: <http://az.lib.ru/b/>. Acesso em: 19 fev. 2019.

COURTNEY, Richard. O Teatro e a História do Pensamento Educacional. *Jogo, Teatro & Pensamento*. São Paulo: Perspectiva, 1980.

DESGRANGES, Flávio. *A Pedagogia do Teatro: Provocação e Dialogismo*. São Paulo: Hucitec/Mandacaru, 2006.

DICKENS, Charles. [1845]. *The Cricket on the Hearth: A Fairy Tale of Home*. Disponível em: <www.ibiblio.org/ebooks/Dickens/Cricket/>. Acesso em: 19 fev. 2019.

DIDEROT, Denis. *Paradoxo Sobre o Comediante*. Trad. e notas J. Guinsburg. São Paulo: Cultrix, 1966.

DUKES, Ashley. The Plays of Herman Heijermans. In: HEIJERMANS, H. *The Good Hope: A Drama of the Sea in 4 Acts. Dramatic Publishing*. Disponível em: <https://archive.org/>. Acesso em: 19 fev. 2019.

EFROS, N.E. *Svertchok na Petchi*. (O Grilo na Lareira.) São Petersburgo: Izdanie A.E. Kogana, 1918. Disponível em: <http://teatr-lib.ru/>. Acesso em: 19 fev. 2019.

ERASSO, Natalia Cristina Quintero. *Os Diários de Juventude de Liev Tolstói*. Dissertação (Mestrado em Literatura e Cultura Russa), USP, São Paulo, 2011.

FIGUEIREDO, Rubens. Apresentação. In: TOLSTÓI, L. *Ressurreição*. São Paulo: Cosac Naify, 2010.

FREUD, Sigmund. *Textos Escolhidos de Psicanálise de Sigmund Freud. 1. Histeria. Primeiros Artigos I*. Rio de Janeiro: Imago, 1987.

GÓRKI, Máximo. *Leão Tolstói*. Trad. Rubens Pereira dos Santos. São Paulo: Perspectiva, 1983.

GUIANTSÍNTOVA, Sófia. "Prazdnik Mira": Mneniia Stanislávskovo, Sulerjítskovo, Katchálov, Gorkovo. ("A Festa da Paz": Opinião de Stanislávski, Sulerjítski, Katchálov e Górki.) In: VAKHTÂNGOV, E. *Dokumenti i Svidetelstva* Moskva: Indrik, 2011. V. 2. Disponível em: <http://teatr-lib.ru/>. Acesso em: 21 fev. 2019.

GUINSBURG, Jacó. *Stanislávski e o Teatro de Arte de Moscou*. São Paulo: Perspectiva, 2001a.

____. *Stanislávski, Meyerhold & Cia*. 2. ed. revista. São Paulo: Perspectiva, 2001.

HAUPTMANN, Gerhardt. *The Reconciliation: Poet Lore*. Michigan University: Richard G. Badger, v. XXI, n. 5, 1910.

HEIJERMANS, Herman. *The Good Hope: A Drama of the Sea in 4 acts. Dramatic Publishing*. Disponível em: <https://archive.org/>. Acesso em: 19 fev. 2019.

HIERRO, Manuel. La Comunicación Callada de la Literatura: Reflexión Teórica Sobre el Diário Íntimo. *Cuadernos de Medios de Comunicación*, n. 7. Espanha: Mediatika, 1999. Disponível em: <http://www.euskomedia.org/>. Acesso em: 19 fev. 2019.

KANT, I. El Arte Bello. In: VÁSQUEZ, Adolfo Sánchez. *Antología: Textos de Estética y Teoría del Arte*. Ciudad Universitaria: Universidad Nacional Autonóma de México, 1978.

KOWZAN, Tadeusz. *O Signo Teatral: A Semiologia Aplicada à Arte Dramática*. Porto Alegre: Globo, 1977.

LEÓNTIEV, Nikoláeievitch. *Pedagoguika Isskustva*. In: Kollektiv avtorov (Vários Autores.) *Pedagoguika Isskustva*. (Pedagogia da Arte.) Moskva: Rossiskaia Gossudarsvennaia, 2013.

LOTMAN, Iuri. Semiótica de la Escena. *La Semiósfera III*. Madrid: Universidad Complutense de Madrid, 1980.

MACHADO, Irley et al. *Teatro: Ensino, Teoria e Prática*. Uberlândia: Editora UFU, 2004.

MAETERLINCK, M. *O Pássaro Azul*. Trad. Carlos Drummond de Andrade. Rio de Janeiro: Opera Mundi, 1971.

MARCONDES, Danilo. *Textos Básicos de Ética: De Platão a Foucault*. Rio de Janeiro: Jorge Zahar, 2007.

MÁRKOV. Pavel. Pervaia Stúdia MXT (Sulerjítski, Vakhtângov, Tchekhov.) (O Primeiro Estúdio do TAM: Sulerjítski, Vakhtângov, Tchekhov.) *O Teatre, v 4 tomakh*. (Sobre o Teatro, em 4 Volumes.) Moskva: Iskusstvo, 1974. v. 1.

MEYERHOLD, Vsevolod. Vospominania o Sulerjítskom. In: SULERJÍTSKI, L.A. *Povesti i Rasskazi: Stati i Zametki o Teatre. Perepiska. Vspominania o L.A. Sulerjítskom*. Moskva: Iskusstvo, 1970.

NEMIRÓVITCH-DÂNTCHENKO, Vladímir I. *Obras de Tolstói no Teatro de Arte* (Anexo. Trad. A. Bytsenko). In: BYTSENKO, Anastássia. *Liev Tolstói e o Teatro: Texto e Contexto de o Cadáver Vivo*. Tese (Doutorado em Literatura e Cultura Russa), USP, São Paulo, 2013.

____. Las Tres Caras del Diretor de Escena. In: CEBALLOS, Edgar (org.). *Principios de Dirección Escénica*. México: Gaceta, 1992.

____. La Experiencia del Actor. In: JIMÉNEZ, Sergio (org.). *El Evangelio de Stanislavski Según Sus Apostoles, los Apócrifos, la Reforma, los Falsos Profetas y Judas Iscariote*. Ciudad de México: Gaceta, 1990.

NIKITINA, A.B. Konferentsia Pamiati Sulerjítskovo. Vvedenie v Problematiku. (Conferência em Memória de Sulerjítski. Introdução à Problemática.) *Pedagoguika Isskustva*. (Pedagogia da Arte.) Moskva: Rossiskaia Gossudarsvennaia, 2013.

PARINI, J. Introdução. In: TOLSTÓI, L. *Os Últimos Dias*. Org. Elena Vássina. Trad. Anastassia Bytsenko et al. São Paulo: Penguin Classics/Companhia das Letras, 2011.

POLIAKOVA, E.I. *Teatr Sulerjítskovo: Etica, Estetica, Rejissero*. (O Teatro de Sulerjítski: Ética, Estética, Direção.) Moskva: Agraf, 2006.

____. Jizn i tvortchestvo L.A. Sulerjítskogo. In: SULERJÍTSKI, L.A. *Povesti i Rasskazi: Stati i Zametki o Teatre. Perepiska. Vspominania o L.A. Sulerjítskom*. Moskva: Iskusstvo, 1970.

RIPELLINO, Angelo Maria. *O Truque e a Alma*. Trad. Roberta Barni. São Paulo: Perspectiva, 1996.

RUDNÍTSKI, Constantin. *Russkoie Rejisserskoie Iskustvo, 1908-1917*. (A Arte do Encenador Russo: 1908-1917.) Moskva: Naúka, 1990.

SANTOS, Maria Thais. *Na Cena do Dr. Dapertutto: Poética e Pedagogia em V.E. Meierhold: 1911 a 1916*. São Paulo: Perspectiva, 2009.

SANTOS, Mario Ferreira dos; GALVÃO, Nádia Santos Nunes. *Convite à Estética*. 4. ed. São Paulo: Logos, 1966.

SCANDOLARA, Camilo. *Os Estúdios do Teatro de Arte de Moscou e a Formação da Pedagogia Teatral no Século XX*. Dissertação (Mestrado em Artes), Unicamp, Campinas, 2006.

SCHNAIDERMANN, Boris. *Tolstói: Antiarte e Rebeldia*. São Paulo: Brasiliense, 1983.

SCHILLER, Friedrich. *El Estado Estetico del Hombre*. In: VÁSQUEZ, Adolfo Sánchez. *Antología: Textos de Estética y Teoría del Arte*. Ciudad Universitaria: Universidad Nacional Autónoma de México, 1978.

SHAKESPEARE, William. *Hamlet*. Trad. Millôr Fernandes. Porto Alegre: L&PM, 1997.

SLONIM, Marc. *El Teatro Ruso: Del Imperio a los Soviets*. Buenos Aires: Universitária, 1965.

SMYCHLIÁEV, V.S. Vospominania o Sulerjítskom. (Recordações Sobre L.A. Sulerjítski.) In: SULERJÍTSKI, L.A. *Povesti i Rasskazi: Stati i Zametki o Teatre. Perepiska. Vspominania o L.A. Sulerjítskom*. Moskva: Iskusstvo, 1970.

SOURIAU, Étienne. *Chaves da Estética*. Trad. Sesarina Abdala Belém. Rio de Janeiro: Civilização Brasileira, 1973.

STANISLÁVSKI, Constantin S. *Minha Vida na Arte*. Trad. Paulo Bezerra. Rio de Janeiro: Civilização Brasileira, 1989.

____. *Trabajos Teatrales: Correspondencia*. Trad. Luis Sepulveda. Buenos Aires: Quetzal, 1986.

____. Vospominania o Sulerjítskom. In: SULERJÍTSKI, L.A. *Povesti i Rasskazi. Stati i zametki o teatre. Perepiska. Vspominania o L.A. Sulerjítskom*. Moskva: Iskusstvo, 1970.

SULERJÍTSKAIA, O. Vospominania o Sulerjítskom. In: SULERJÍTSKI, L.A. *Povesti i Rasskazi: Stati i Zametki o Teatre. Perepiska. Vspominania o L.A. Sulerjítskom*. Moskva: Iskusstvo, 1970.

SULERJÍTSKI, L.A. *Povesti i Rasskazi: Stati i Zametki o Teatre. Perepiska. Vspominania o L.A. Sulerjítskom*. (Novelas e Contos. Artigos e Observações Sobre Teatro. Correspondência. Recordações de L.A. Sulerjítski.) Moskva: Iskusstvo, 1970.

TAKEDA, Cristiane Layher. *O Cotidiano de uma Lenda: Cartas do Teatro de Arte de Moscou*. São Paulo: Perspectiva, 2003.

TCHÉKHOV, Mikhail. Vospominania o Sulerjítskom. In: SULERJÍTSKI, L.A. *Povesti i Rasskazi. Stati i Zametki o Teatre. Perepiska. Vspominania o L.A. Sulerjítskom*. Moskva: Iskusstvo, 1970.

TOLSTÓI, Liev. *Os Últimos Dias*. Org. Elena Vássina. Trad. Anastassia Bytsenko et al. São Paulo: Penguin/Companhia das Letras, 2011.

____. *O Que É Arte?* Trad. Bete Torii. São Paulo: Ediouro, 2002.

VAKHTÂNGOV, Evguêni. *Dokumenti i Svidetelstva*. (Documentos e Testemunhos). Organizado por V.V. Ivanov. Moskva: Indrik, 2011. 2 v.

____. Vospominania o Sulerjítskom. In: SULERJÍTSKI, L.A. *Povesti i Rasskazi. Stati i Zametki o teatre. Perepiska. Vspominania o L.A. Sulerjítskom*. Moskva: Iskusstvo, 1970.

VÁSSINA, Elena; LABAKI, Aimar. *Stanislávski: Vida, Obra e Sistema*. Rio de Janeiro: Funarte, 2015.

____. O Teatro Russo à Luz dos Problemas de Recepção: Abordagem Semiótica. *Repertório: Teatro & Dança*, ano 16, n. 20, 2013.

Outros títulos da coleção Claps

1 **As Três Irmãs de Tchékhov, por Stanislávski**
Versão Integral Com as Partituras do Diretor

Tieza Tissi

2 **Stanislávski e o Método de Análise Ativa**
A Criação do Diretor e do Ator

Nair D'Agostini

Este livro foi impresso na cidade de São Bernardo do Campo,
nas oficinas da Paym Gráfica e Editora, em maio de 2019,
par a Editora Perspectiva.